AF555104

CONSIDÉRATIONS

SUR LA

NOBLESSE FRANÇAISE.

CONSIDÉRATIONS
SUR LA
NOBLESSE FRANÇAISE,
SUR SON ÉMIGRATION EN 1789,
ET SUR

Les divisions causées dans le Royaume par le mépris des principes d'honneur, de justice, et d'intérêt social qui l'y forcèrent.

PAR M. BRAS.

Omne regnum in se ipsum divisum desolabitur.
Tout royaume divisé contre lui-même sera détruit.
Luc, chap. 2, v. 17.

A PARIS,
CHEZ LES MARCHANDS DE NOUVEAUTÉS.

1823.

AVANT-PROPOS.

MALGRÉ notre retour vers les sentimens de la justice que jamais nous n'eussions dû abandonner, tout honnête homme soupire encore après cette union qui régnoit parmi nous, et qui contribua si puissamment, pendant tant de siècles, à faire des Français le premier peuple de l'univers. Avec ce titre que personne n'osoit nous disputer, nous étions au comble de nos vœux, lorsque des jongleurs bouffis d'orgueil, affamés de richesses qu'ils ne pouvoient acquérir par une vertu qu'ils n'avoient pas, essayèrent de les obtenir par les crimes dans lesquels ils avoient croupi toute leur vie. Ils calomnièrent la vertu pour la faire haïr au peuple, et l'associer à leurs vices. Ils traitèrent de tyran, un roi dont le monde n'étoit pas digne; et les nobles, associés à ses vertus, comme à la gloire de la France, le furent aussi à ses malheurs. J'ai tâché de démontrer la fausseté de l'odieux, qu'on a voulu jeter sur notre ancien gouvernement, parce qu'il est évident qu'il l'emportoit sur tous les autres en bonté, par sa liberté et la gloire qu'il s'étoit acquise; que les Français jouissoient d'un bonheur qui sembloit n'appartenir qu'à des peuples gouvernés par des Bourbons; que la noblesse n'avoit pas commis un crime en sortant de France, mais rempli un devoir en défendant le poste que la nation lui avoit confié; qu'ils y furent forcés pour conserver leur vie, et autorisés par les lois de ceux-là même qui leur en firent ensuite un crime pour les dépouiller de leurs biens. Mon unique dessein a donc été de faire prévaloir la vérité contre la calomnie, en dévoilant, en peu de mots, les faits mensongers qui séparent les peuples de la noblesse, source de tous nos malheurs révolutionnaires. Les artisans du désordre ont traité leurs priviléges de tyranniques; j'ai fait remarquer qu'ils les tenoient du pouvoir général de la nation, ou de la nature même des choses; car, pour qu'un peuple puisse se constituer en société, il lui faut une hiérarchie, et par conséquent des priviléges, et s'ils n'existent pas de droit, ils existeront nécessairement de fait. Je ne crois pas qu'il y ait de moyen plus propre pour ramener en France cette paix, cette union qui font toute la force et la prospérité des États, que de réconcilier, je ne dis pas le peuple avec la noblesse, car chacun considère, respecte son ancien seigneur, et presque tous ont fait des folies pour les recevoir à leur retour de l'émigration; mais les réconcilier avec le mot magique de noble, auquel les méchans ont attaché tous les maux, qu'eux-mêmes lui ont fait souffrir. Le jour de cette réconciliation, seroit la fin de toutes les trames révolutionnaires; les faiseurs des révolutions, voyant le peuple détrompé, et ne pouvant plus l'avoir pour auxiliaire, rentreroient honteux dans leurs repaires:

c'est l'ouvrage de tout honnête homme qui aime sincèrement sa patrie; c'est surtout celui des pasteurs des paroisses destinés à éclairer les peuples, et à leur faire aimer cette paix que leur divin Sauveur est venu porter sur la terre.

CONSIDÉRATIONS

SUR LA

NOBLESSE FRANÇAISE,

SUR SON ÉMIGRATION EN 1789,

ET SUR

Les divisions causées dans le Royaume par le mépris des principes d'honneur, de justice, et d'intérêt social qui l'y forcèrent.

Omne regnum in se ipsum divisum desolabitur.
Tout royaume divisé contre lui-même sera détruit.

Luc, chap. 2, v. 17.

NOTRE expérience vient à l'appui de ces paroles sacrées de l'Évangile. Les Français n'eurent pas plus tôt abandonné les vrais principes de morale et de société que le suprême Législateur a mis dans la nature de tous les hommes, que cette nation, si bien civilisée, fut tout à coup changée en une horde de sauvages.

Le Créateur en formant l'homme, chef-d'œuvre de son admirable ouvrage du monde, imprima dans sa nature l'idée de vivre en société avec ses semblables, comme condition indispensable de son existence et de sa perpétuité ; et on n'a jamais pu trouver d'autre base, d'autre soutien de la société, que la connoissance et la sincère adoration d'un

Être suprême. En effet, l'infraction de cette vérité a toujours été, comme le péché d'Adam, punie de mort; et sans aller chercher des exemples des sociétés renversées de tant de nations, que l'oubli de ces principes sacrés a anéanties et fait disparoître devant nous, nous en avons fait la cruelle expérience durant la révolution. A mesure que les peuples perdirent l'idée du Dieu de leurs pères, les liens de la société suivirent les mêmes périodes de foiblesse que les croyances; et dans le dépérissement affreux de tout sentiment d'honneur, d'humanité et de morale, les Français reculèrent jusqu'à l'état de sauvages; ils se déclarèrent tous rois, et cette multitude de rois s'égorgèrent mutuellement; ils revinrent jusqu'au paganisme, ils adorèrent leur raison, proclamèrent sa divinité : et les autels d'une si monstrueuse déité ne furent que des échafauds, des ruines, des dévastations; ses hymnes, des chants de proscription; ses prêtres, des bourreaux; son culte, la mort; et le néant, l'espérance de ses adorateurs, qu'ils se hâtèrent de réaliser par le désordre, les forfaits et les carnages qu'ils commirent.

Qui pourroit dépeindre ce chaos d'horreurs qui eut lieu lors de la dissolution de cette société française; ce choc confus de tous les intérêts et de toutes les passions; ce mélange de proscriptions et de fêtes impures; ces cris de blasphème, ces chants sinistres, ces rugissemens de joie, annonce lugubre d'un prochain massacre; ces rivières encombrées de cadavres; ces temples détruits; ces villes en cendres; mais telle a été et sera toujours la fin déplorable de toute société abandonnée de croyance, de morale et de subordination. Le moment terrible de tout détruire étant arrivé, les jacobins regardèrent tous les principes conservateurs comme d'absurdes niaiseries du vieux temps, indignes des hautes conceptions libérales. Ils appelèrent les peuples à un vaste enseignement mutuel, et voulurent leur apprendre à se gouverner eux-mêmes, à se passer de roi, de morale, de religion, de ministres, et même de Dieu. Dans leur délirante idée de tout détruire, croyant tout reformer, ils s'épuisèrent à combiner des formes de gouvernement, à compliquer les ressorts de la machine politique, espérant que l'ordre sortiroit d'une juste balance de forces. Insensés! tous leurs raisonnemens, tous leurs calculs, furent toujours vains, parce qu'ils oublièrent toujours leurs passions. Excluant Dieu de leur ouvrage, il regarda avec pitié du haut des cieux leurs entreprises, confondit leur langage; et ce fut en vain qu'ils cherchèrent dans la multiplicité des contre-poids ou la division des pouvoirs, une double garantie contre l'anarchie et le despotisme, qu'ils ne pouvoient trouver que dans la morale. Bientôt, à force de crimes, ils devinrent l'exécration publique, ils se firent horreur à eux-mêmes; leur nom rougi de sang, n'offrant que l'idée du carnage, les força d'abandonner celui de jacobin, de sans-culotte, et tant d'autres non moins exécrables, pour prendre enfin celui de libéral, désignation tout-à-fait impropre, puisqu'ils n'ont aucune des qualités que cette expression fait comprendre. Ils couvrirent d'un tel opprobre les différentes dénominations qui leur servirent d'étendards, et les mots qui furent pour eux le signe de ralliement, que l'expression même des idées s'altéra et se corrompit en passant par leur bouche. Les mots les plus nobles, qui représentent les pensées les plus généreuses, les plus élevées, les plus dignes de l'homme, dès qu'ils s'en furent emparés, devinrent des marques de désordre, d'ignominie, de destruction et de mort ; c'est-à-dire qu'ils commencèrent par tuer les mots, pour arriver ensuite à tuer les hommes.

Ils n'eurent pas plus tôt hurlé les mots de liberté, de patrie, de citoyen, de fraternité, de gloire, que ces mots qui jusqu'alors avoient agrandi, consolé le cœur de l'homme en devinrent l'effroi; ils ne signifièrent plus qu'anarchie, désolation, bourreau, massacre, rapine et brigandage. De quelles horreurs n'avons-nous pas été les tristes témoins, depuis que ces hommes de malheur eurent besoin de tant de crimes pour arriver au pouvoir. Ils trompèrent le peuple en lui promettant une souveraineté imaginaire et absurde, dont ils convoitoient pour eux-mêmes le tyrannique pouvoir ; et lorsqu'ils l'eurent obtenu, ils s'en servirent pour conduire ce même peuple-roi en masse à l'échafaud. Ils ébranlèrent par leurs machinations infernales les colonnes du trône ; alors tout s'écroula à la fois : roi, loi, magistrature, clergé, noblesse, tout tomba, tout fut enseveli dans le néant ; et les biens de tout honnête homme devinrent la proie de ces brigands.

Grâces immortelles soient rendues à l'illustre famille des Bourbons, qui, par un bienfait de la divine providence, se relevant tout à coup de ses malheurs, vint nous consoler et nous guérir en grande partie des nôtres. Alors, avec la légitimité, tout revint à sa place : la vérité ne fut plus punie de mort, les mots reprirent leur acception propre, et il n'y eut plus ni opprimés ni oppresseurs. Mais combien sont coupables ces hommes qui, jaloux de notre bonheur, excitent encore des méfiances, des craintes populaires, pour rendre odieux un pouvoir qu'ils ambitionnent, ou des hommes qui leur font ombrage. Ils vont partout semant la discorde prête à s'éteindre, en rappelant de dangereux souvenirs ; mettant chaque jour les opinions aux prises, pour éloigner les rapprochemens, cherchant dans le passé des argumens d'autant plus captieux, qu'il est facile d'altérer les faits quand ils sont déjà loin de nous ; ils voudroient rendre aux passions leur première animosité, pour fermer la voie à toute réconciliation ; ils calomnient les hommes, enveniment les paroles les plus innocentes, noircissent toutes les intentions ; ne parlent jamais que le langage de la fureur, pour ne point laisser refroidir les ressentimens ; enfin ils présentent incessamment aux hommes l'épouvantable image de la tyrannie et de la persécution, et n'entretiennent les peuples que de la prochaine perte de tout ce qui les attache à la patrie.

Voilà par quels moyens les ambitieux et les perturbateurs semèrent dans tous les temps la terreur et le désordre ; et voilà ce dont nous sommes tous les jours les témoins. Ils calomnient tout, pour tout détruire, et ils se servent de tout pour justifier leurs destructions. Mais jusques à quand souffrira-t-on la continuation de cet acharnement de certains misérables engraissés du sang et des dépouilles de leurs victimes, qu'ils poursuivent depuis plus de trente ans! Le conquérant, le tyran le plus féroce s'arrête à la vue du carnage et du butin; mais ni le sang, ni les dépouilles ne peuvent apaiser les persécuteurs de ce corps illustre de la noblesse, à qui la France doit cette élévation où elle étoit parvenue avant sa funeste révolution. Leur propre haine ne peut pas les satisfaire, ils tâchent de l'inoculer par leurs calomnies dans tous les membres de la société. Ils représentent au peuple ces anges tutélaires de la France, comme des sbires, des buveurs de sang. Ils l'épouvantent par le haro, la dîme, la féodale, les nobles, qu'ils lui dépeignent comme la source de tous les maux qu'eux-mêmes lui ont fait souffrir. Cependant, qu'on nous montre dans l'antiquité quelque chose de comparable à cette consécration, à ce dévouement héréditaire de certaines familles de cette classe de citoyens au service de la société.

Si nous parcourions les fastes de notre histoire, quels hommes ne trouverions-nous pas dans les fonctions du sacerdoce, de la magistrature et de la guerre, professant un dévouement si entier, si parfait de l'homme à l'homme, que rien n'en est excepté, ni le repos, ni les jouissances domestiques, ni les biens, ni la vie?

Mais comme je ne veux avancer que des assertions incontestables, lorsque j'en serai venu aux preuves, je ne prétends pas que tout ait été toujours grand dans le corps de la noblesse; ils étoient hommes, par conséquent sujets aux foiblesses de l'humanité; peut-être même trouveroit-on parmi eux quelque individu souillé de crimes : mais quel est le corps, si parfait qu'il soit d'ailleurs, qui ne cache quelque membre pourri?

Pour bien juger de ce corps, dont on voudroit aujourd'hui effrayer la jeunesse, après avoir égaré ses pères jusqu'à leur faire répandre le sang le plus illustre de la nation, on ne doit pas s'arrêter aux foiblesses inhérentes au caractère de quelques individus, ni aux imperfections inévitables de tout corps, de toute association, mais au bon esprit dominant dans ce corps, aux services inappréciables qu'il a rendus à l'Etat, services qui ont rendu la France l'arbitre de toutes les nations voisines, et fait des Français le premier peuple de l'univers. Tout le monde, les nations étrangères même rendront hommage à cette vérité; et si l'on en excepte nos modernes Vandales, qui prétendent que détruire est reformer, nul ne contestera qu'avant la révolution, la France ne fût le modèle de la belle civilisation, que les arts et les sciences n'y fleurissoient plus que partout ailleurs. Tous les rouages de son beau gouvernement étoient si admirablement concertés pour le bonheur, la liberté de chaque citoyen et pour la sûreté publique, que tout concouroit à exciter l'envie des nations voisines, sans qu'elles pussent l'imiter. L'univers admiroit alors la France comme la reine de la civilisation, autant qu'il a abhorré depuis notre barbarie. Les rois, les princes étrangers venoient de toutes parts la visiter, et s'en retournoient remplis d'admiration en publiant les merveilles qu'ils y avoient vues.

A la vérité (car enfin il faut tout dire pour qu'on n'ait rien à répliquer), il y restoit encore des vices, des abus à corriger, qui prouvoient seulement l'ouvrage de l'homme, qu'on devoit respecter, de crainte qu'en voulant les détruire, on n'en créât de plus grands, comme il est arrivé. La féodale parut tout à coup un monstre à certains Français qui vouloient s'élever sur ses ruines : on l'exila, on l'assassina, on la détruisit ignominieusement, et soudain elle fut remplacée par des abus, des vices mille fois plus énormes qu'elle. En gouvernement, comme en tout autre ouvrage de l'homme, parvenu à ce dernier période de perfection où se trouve le *nec plus ultra*, vouloir perfectionner encore, c'est précipiter la fatale roue du cours des choses de ce monde, qui réduit tout au néant.

Sans doute qu'on pourroit faire des objections contre notre ancien gouvernement, et qu'on ne pourroit même les résoudre qu'en opposant la masse du bien qui résultoit de la sagesse de ses lois à la minorité du mal qui provenoit de l'impuissance humaine ; mais si nous sommes raisonnables, que nous sachions nous contenter de ce qui est au pouvoir des hommes, sans vouloir exiger ce qui échappe de force à leur foiblesse, ce gouvernement sera digne de nos plus grands éloges, pourvu que son ensemble fît des Français les plus heureux des mortels ; et si ce que la noblesse ou ses illustres chefs ont fait pour le rendre doux et parfait, se trouve au-dessus de tout ce que les hommes les plus dignes de nos respects ont jamais pu faire de mieux en ce genre, le corps de la noblesse doit être regardé comme le plus illustre qui ait existé, et le plus digne de notre reconnoissance et de nos respects. Or, voyons si aucun gouvernement passé ou présent a jamais approché de la douceur, de la justice, de la liberté et de la bienfaisance de notre gouvernement féodal qui irrite si fort les libéraux. Transportons-nous d'abord dans l'antiquité, et considérons ce qu'il y avoit alors de plus grand en fait de gouvernement : la république romaine! ses lois ne protégeoient qu'une foible portion des citoyens, les autres étant regardés et traités comme des animaux; et les Romains ne se croyoient libres que parce qu'ils voyoient au-dessous d'eux un plus profond esclavage dans une foule de malheureux enchaînés et labourant leurs champs. Quel mépris de l'humanité! nous n'avons pas d'idée aujourd'hui de ce qu'étoit la condition d'esclave chez ce peuple si orgueilleux de sa liberté factice; hors les temps de travail, ils demeuroient enchaînés dans des espèces de souterrains infects, où l'air pénétroit à peine. Livrés à la merci d'un maître avare et de surveillans impitoyables, on les accabloit de travaux, moins durs à supporter que les caprices cruels de leurs tyrans; vieux ou infirmes, on les envoyoit mourir de faim dans une île du Tibre. Quelques Romains les firent souvent jeter vivans dans leurs viviers pour engraisser des murènes.

Vadius ayant invité Auguste à souper, un misérable esclave eut le malheur de casser un verre de cristal, il fut saisi à l'instant, et jeté dans le vivier pour devenir la pâture des poissons. Caton, le sage Caton prétendoit qu'on devoit vendre les vieux esclaves comme nous vendons les vieux chevaux, et qu'on ne devoit plus les nourrir lorsqu'ils étoient inutiles pour le travail.

Le gouvernement d'Angleterre est regardé comme le modèle des gouvernemens libres de nos jours. Cependant qu'a gagné l'Angleterre avec toutes ses révolutions? elle a changé de maître et de lois, mais elle n'a pas acquis cette liberté désirée, qui lui coûta tant de sang; et elle a dû reconnoître qu'elle n'étoit qu'un bel idéal, ou la pierre philosophale qu'on cherche depuis si long-temps et qu'on ne trouve jamais.

L'Angleterre obtint à la vérité de son nouveau Souverain quelques concessions libérales; mais le peuple anglais paya bien cher les libertés qu'il se réservoit dans une espèce de contrat avec son Souverain, en stipulant, dans ce même contrat, sa servitude religieuse en échange de ce qu'il prenoit pour les libertés politiques. Ce peuple refusant de croire au christianisme sur l'autorité de Dieu même, en vint jusqu'à ne croire en Dieu que sur l'autorité du roi, et s'obligea dans sa constitution à croire et à pratiquer, sous peine de damnation, tout symbole sanctionné par le roi. « Il est immoral et impie, dit » lord Sherbury, lorsque le Souverain a sanctionné » un symbole, de nier ou de révoquer en doute l'au» torité divine d'une seule ligne ou d'une seule syl-

» labe de ce symbole. — La pensée est libre, dit Hob-
» bes; mais, en ce qui tient à la confession de la foi,
» la raison particulière doit se soumettre à la raison
» du roi. » De manière que le roi d'Angleterre étant l'arbitre indépendant de la foi, comme le dépositaire de la force publique, peut tous les jours faire des symboles, et quelque absurdes qu'ils puissent être, le peuple est obligé de s'y soumettre. Il a reconnu, comme article de foi, que son roi est le chef légitime de sa religion, ou plutôt son prophète; et, d'après les principes de cette religion révolutionnée, chacun pouvant interpréter la Bible à sa manière, qui empêchera le roi de l'interpréter à sa guise, de créer, comme dépositaire de la foi, des symboles qui obligent les Anglais, sous peine de damnation, à décerner, par exemple, l'apothéose à leur roi et à l'adorer sur la terre? Ils ne peuvent pas s'y refuser sans être inconséquens; et, s'ils s'y refusent, ils peuvent être poursuivis comme rebelles aux lois, et ennemis de l'Etat. Peut-on enchaîner plus brutalement la pensée de l'homme? il est vrai que les Anglais se sont presque affranchis de cet esclavage par l'indifférence où ils sont tombés en matière de religion. Cependant il n'est pas moins vrai qu'ils ne sont libres qu'aux dépens de leurs principes de croyance, et de leur conscience, ou parce que leur roi veut bien leur permettre d'être libres; car, quand on peut enchaîner la pensée, et la volonté de l'homme, tout l'homme est plus esclave que s'il étoit jeté dans un cachot.

Les Français furent-ils libres et heureux en rejetant et détruisant le gouvernement qui les avoit retirés de la barbarie, et conduits, à travers une longue suite de siècles heureux et prospères, au dernier période de la civilisation, pour embrasser le système imbécile de la souveraineté du peuple, qui, fier de son fantôme de royauté et de sa subite métamorphose, essaya toutes les formes de gouvernement pour tâcher d'en trouver un où tous pussent commander, sans qu'aucun fût dans l'obligation d'obéir. Vains efforts : tous ces trônes, affaissés sous le poids de tant de rois-peuple, s'écroulèrent successivement avec le plus grand fracas, et chacun ensevelit sous ses ruines une foule de ces misérables rois sans-culottes.

Les Français étoient-ils bien libres et heureux dans ces temps d'accusations sans délits, où, sous la forme déguisée d'un jugement, on faisoit périr une foule innombrable de citoyens de tout âge, de tout sexe et de toute condition, sous prétexte de conspirations imaginées, rédigées et rapportées par les gouvernans eux-mêmes? lorsqu'ils étoient condamnés et exécutés avant l'audition des témoins, et conduits en masse à l'échafaud, d'après une simple énonciation de leurs noms.

C'étoit un temps de révolution, me dira-t-on; mais ce temps dura pendant 25 ans, et devoit nécessairement durer autant que les principes anarchiques qui produisirent tant de crimes et firent tant de victimes. Les Français, pendant ce temps-là, se firent tuer au dehors, et tuèrent autant qu'on voulut se laisser tuer; ils se déchirèrent et s'égorgèrent au dedans, et auroient continué leurs carnages autant de siècles que les Romains; car fatigués comme eux de répandre le sang humain, et chacun voyant que son tour venoit, ils reculèrent épouvantés devant l'abîme qui alloit les engloutir, et furent se reposer sous le despotisme militaire, où des monstres auroient fini de dévorer cette malheureuse nation qui avoit tant affligé toute l'Europe, s'il n'y avoit pas eu des Bourbons pour les sauver et les délivrer du joug tyrannique d'un soldat corse, destructeur du genre humain.

Les ennemis de notre ancien gouvernement en furent les plus grands apologistes, puisqu'à l'instant qu'ils eurent usurpé le pouvoir, ils s'empressèrent de donner à la France le titre de grande nation. Et en effet ils avoient raison de lui donner ce beau titre avant qu'elle n'eût été souillée par leurs crimes ; mais depuis ils ne purent lui donner que la célébrité des forfaitures, qui s'acquiert dans un jour. Non, ce n'est pas vous, jacobins, républicains, et maintenant libéraux, ni aucune de toutes ces dénominations barbares, odieuses à tout bon Français, qui aviez porté la France au degré de prospérité et de bonheur qui lui mérita le nom de nation par excellence. Une nation ne devient pas grande en un jour, il falloit nécessairement qu'elle fût telle avant que vous vinssiez lui enlever les plus beaux ornemens qui faisoient sa gloire depuis tant de siècles, détruire ces superbes monumens, ces magnifiques établissemens qui l'avoient illustrée aux yeux de l'univers ; avant que vous vinssiez effacer du cœur de ses citoyens cette amabilité, cette douceur de caractère, cette courtoisie qui les distinguoient parmi les autres peuples, et sembloit n convenir qu'au seul nom de Français, pour y substituer la folie d'une liberté sans frein, un genre d souveraineté absurde, une égalité féroce qui, aprè avoir détruit la société en détruisant les distinction sociales (les passions toujours convoitant, et jalouse des distinctions naturelles que la mort seule efface) auroit détruit l'homme même, et fini par établi sur un sol désert la lugubre égalité du néant. C n'est pas vous qui aviez porté la France au degré d prospérité et de bonheur où aucun peuple n'étoi jamais arrivé, puisque vous dites que vous étiez esclaves sous ce gouvernement; or ce ne sont pas ordinairement les esclaves qui donnent l'élan à la civilisation, aux sciences et aux arts, et enfin qui fon les grandes nations; ils n'en sont que le rebut et l honte. Cessez donc de vous attribuer la gloire française, comme vous en avez usurpé le pouvoir pou l'avilir; elle appartient toute entière à la sagesse d gouvernement féodal qui vous a civilisé, poli, donné cette force, cette puissance qui vous faiso respecter de tous les autres peuples. C'est ce gouvernement paternel, qui, à l'aide du christianisme avoit appris à l'homme à respecter l'homme; aus n'avoit-on guère la peine de punir les crimes; l précautions infinies du législateur en prévenoier jusqu'aux germes. On ne voyoit pas sous le régim des nobles, ce scandale de nos semblables encha nés, traînés sur nos chemins publics, ni les pri sons encombrées de scélérats. Vous avez cru mieu faire d'enseigner le crime, et de faire ensuite des victimes de vos élèves; vous blâmiez les nobles d'avoir une maison de force qui, parfois contenoit quelqu'un de ces brouillons dont vos principes ont aujourd'hui rempli la France, et vous avez été forcés d'établir des prisons dans toutes les bourgades, sans pouvoir arrêter les conséquences de vos fausses doctrines.

C'est sous le gouvernement des nobles, et même aux dépens de leurs propres biens, que furent élevés tant de monumens superbes à la gloire de la nation, à son intérêt, à l'éducation publique, à la religion, à l'indigence; ces asiles solitaires de l'innocence et du repentir, que les peuples apprendront de plus en plus à regretter! le pauvre, parce qu'il en tiroit sa subsistance; nous ne voyons plus ces foules de misérables devant les portes de ces monastères et des châteaux des seigneurs, la philantropie libérale les en a balayés : le riche, parce que souvent il y trouvoit un délassement, une consolation à ses chagrins et à ses ennuis : l'homme d'affaires, parce qu'il en tiroit sa fortune, comme nous le prouvent tous les grands propriétaires qui nous environnent, dont en général l'élévation date des affaires qu'ils ont faites avec les nobles ou le clergé; leurs biens, aujourd'hui dits nationaux, étoient comme les sources d'où découloient le soulagement, l'aisance et l'opulence de toute la nation; maintenant tout est perdu pour la nation, depuis qu'une prétendue nation s'en empara: l'ouvrier, parce qu'il y trouvoit du travail bien payé, et enfin tous les pères de famille, parce qu'ils y trouvoient un état pour quelqu'un de leurs enfans. Les jacobins, maintenant libéraux, arrivent, ils renversent tout, leur vandalisme ne fait grâce à rien de ce qu'avoit créé en faveur de l'humanité ce gouvernement qui avoit multiplié avec profusion ces intéressantes institutions, si éminemment sociales, dont le nombre égaloit celui de nos besoins et de nos misères ! Ne faut-il pas avoir le front d'un libéral, pour oser venir encore avec son funeste présent de liberté, mendier le secours d'un peuple si indignement trompé, pour continuer ses injustices et ses rapines, et le rendre toujours complice de ses iniquités ! Quoi ! ces fléaux du genre humain ne craindront-ils donc jamais que le peuple désabusé ne venge sur ces sbires les crimes qu'ils lui ont fait commettre et la misère où ils l'ont réduit.

Qu'on nous cite cependant quelques-unes de ces riches concessions faites à la grandeur, à l'opulence de la nation, par d'autres personnes que de la classe des nobles ; eux seuls sembloient s'être chargés du bonheur, de la gloire, des besoins et des misères de la nation française : sentoient-ils la nécessité de l'instruction de la jeunesse ? ils élevoient à grands frais des établissemens, des colléges qu'ils dotoient à leurs dépens ; pensoient-ils que la religion ne pouvoit se soutenir sans ministres, ni les ministres sans biens ? ils n'épargnoient aucune dépense pour former ce corps du clergé de France, le plus illustre et le plus recommandable qui ait jamais exitsé ; ils firent des fondations pour subvenir aux besoins de ce corps, bâtirent des monastères, y affectèrent leurs propres biens ; et c'est de ces maisons de retraites que sont sortis tant de grands hommes qui ont illustré ce beau royaume fait *par des évêques*, selon l'expression de Gibbon, faisant son éloge.

Les nobles n'oublièrent jamais les dernières classes du peuple : ils avoient sacrifié, pendant une longue suite de siècles, une portion de leur fortune au soulagement de ses misères. Toutes ces belles maisons de charité étoient leur ouvrage, comme de nos jours elles sont devenues la proie, la pâture de ceux qui, pour l'égarer, lui persuadèrent que c'étoit pour son bonheur qu'on le privoit du dernier asile de ses infortunes. Voilà les crimes de la noblesse françoise : le soulagement des misérables, le sacrifice de son repos, de ses biens et de sa vie pour la prospérité de l'État, qui lui ont mérité l'exil, la confiscation de ce qui lui restoit de ses bienfaisances, la proscription et la mort.

Si, au lieu de cette constitution que vous aviez, la plus parfaite qui fut jamais, et selon des lois qu'on auroit pu croire descendues du ciel, tant elles étoient sages, pures et favorables à l'humanité, les nobles ne vous eussent pas tiré de l'esclavage des Romains, s'ils n'eussent pas arrêté le sang humain qui couloit sur les autels des Druides, le vôtre auroit été peut-être répandu depuis tant de siècles ; et si, vous en ayant tirés, lis vous eussent imposé un gouvernement russe, par exemple, ou polonois, quoique redevables à la noblesse de l'amélioration de votre sort, vous auriez eu raison cependant de crier à l'esclavage; mais aussi vous ne les auriez pas détruits eux-mêmes, vous n'auriez pas puni de mort leurs bienfaits. Abandonnés à cette stupide ignorance, naturelle à tous les hommes, qu'un gouvernement despotique favorise, vous n'auriez pas pu vous servir, pour leur ruine, des talens, des richesses et de cette valeur militaire que leur exemple, la sagesse, la liberté de leur gouvernement vous avoient si bien inspirée. Les hommes sont partout les mêmes de leur nature, les gouvernemens seuls en font la différence; ils les civilisent ou les laissent dans la barbarie, les instruisent ou les laissent croupir dans leur ignorance naturelle, les évertuent ou les laissent dans l'apathie. Les peuples doivent donc à leur gouvernement, d'abord la vie; parce que si le gouvernement étoit tyrannique ou peu soigneux de l'observation des lois, ils pourroient la perdre à tout instant. Ils lui doivent la conservation de leurs fortunes, la paix, la liberté dont ils jouissent, les progrès des sciences et des arts, et leur reconnoissance doit être proportionnée au degré de bonheur que leur gouvernement leur garantit. Ces hommes de désordre et de malheur furent donc bien coupables en détruisant notre gouvernement, et en se montrant d'une ingratitude des plus féroces envers ses auteurs et ses conservateurs, puisqu'il n'y en avoit pas d'autre au monde d'aussi parfait.

Que pouviez-vous exiger davantage du gouvernement? pouviez-vous prétendre à une plus haute félicité qu'à celle d'être regardés comme le premier peuple du monde, et les plus heureux des mortels! Attendez d'avoir obtenu l'immortalité; et alors, mais plutôt, vous aurez un gouvernement qui vous rendra plus heureux que notre gouvernement féodal; mais il est inutile de penser à faire raisonner les hommes de rapines, en leur parlant des nobles. L'éloge de ceux qui avoient orné la France de tous les monumens qui faisoient sa gloire sera un éternel reproche des crimes de ceux qui les ont détruits.

Leur ambition, leur orgueil, ne laissent plus de place à leur raison; des craintes chimériques de voir échapper leur proie, les font toujours recourir à leur premier moyen, qui fut de calomnier leurs victimes, pour associer le peuple dans leur propre cause, et les faire exterminer de la surface de la terre, les anéantir entièrement avec leurs craintes et leurs remords.

Mais vous, peuple français, chez qui les passions n'ont pas entièrement fait taire la raison, mais dont seulement elles ont égaré quelqu'un de vous par tant de calomnies que vous avez si souvent entendues contre ce corps, écartez de vous toute prévention; soyez juste, n'exigez pas des autres la dernière perfection, tandis que vous êtes sujets à mille foiblesses; ne les jugez pas d'après des faits controuvés, d'autant moins dignes de foi, qu'il a été plus facile de les créer ou de les altérer quand ils sont déjà si loin de nous. Que n'a-t-on pas inventé depuis le commencement de la révolution contre les pouvoirs qu'on vouloit renverser? mille rapsodies transmises par tradition vulgaire, toujours envenimées et mensongères, grossies et multipliées à l'infini par ceux qui vouloient égarer le peuple; et, à force de ramasser, d'accumuler toutes les taches, vraies ou fausses, depuis le commencement de la monarchie, on a injustement noirci ce corps aux yeux du peuple. Mais, interrogez cet homme furieux contre la noblesse; prenez la peine que j'ai souvent prise en entendant ces délirantes délations qu'un vent pestilentiel semble communiquer de bouche en bouche ; demandez à cet homme ivre de fureur contre son seigneur, le temps, l'époque, et le genre des vexations qu'il a eu à supporter de la part de son seigneur ; rarement en trouverez-vous un seul qui sache entrer dans ces détails ; pressez-le encore, il vous avouera au contraire qu'il en a reçu mille faveurs, et ce sera le langage de la généralité du peuple. En effet, un long usage avoit consacré chez les nobles cet amour paternel qu'ils prodiguoient en tant de circonstances envers leurs vassaux ; aussi jaloux qu'un père de famille, que la paix et le bonheur règnent parmi eux, ils s'étoient divisé le royaume en petites familles, dont chacun à l'envi s'appliquoit à rendre heureuse celle qui lui étoit échue. Un long exercice du pouvoir ayant amorti en eux le vain orgueil de la domination, avoit fait place à la véritable gloire de secourir ses semblables ; on ne trouvoit pas en eux cette morgue outrageante des nouveaux parvenus, ils donnoient à tous l'abord le plus facile. De là, si des voisins étoient en mésintelligence, ils s'empressoient de porter leurs différends à la décision de leurs seigneurs, pères communs. S'il arrivoit une année désastreuse, le seigneur s'appitoyoit sur les maux de son peuple, et le soulageoit autant que ses facultés pouvoient le lui permettre. Si un homme se trouvoit dans une mauvaise affaire par inadvertance, fragilité humaine, ou mille autres circonstances qui le rendoient excusable, le seigneur s'empressoit auprès des tribunaux pour faire valoir ses raisons. Ils frappoient, il est vrai, sur les turbulens; les coquins, les pillards n'étoient pas libres sous leur régime; mais l'honnête homme jouissoit de la plus ample liberté, non pas de cette liberté féroce, rougie du sang de nos rois et des citoyens, mais de cette liberté franche, garantie par la religion et la morale, qui lui empêchoit de franchir le pas vers la la licence et l'anarchie.

Je ne dois pas oublier de rappeler à l'ingratitude les services que le sexe pieux de cette classe rendoit aux malheureux, surtout dans les campagnes, avant que la prétendue liberté leur en ôtât les moyens. Combien en nommerois-je, si je ne craignois pas d'offenser leur modestie, toujours prêtes à mendier, non pas les faveurs, mais le soulagement des misères d'autrui. Visiter les malades, les infirmes, panser leurs plaies les plus dégoûtantes, leur prodiguer les soins les plus salutaires en leur parlant du Ciel, étoit leurs plus grandes délices. Protectrices de la veuve et de l'orphelin, les pauvres femmes de leurs terres accouroient chez elles comme à leur unique appui, qui les consoloient dans leurs chagrins, et soulageoient leurs misères. Les pauvres honteux n'étoient connus que d'elles ou de leur pasteur; elles les secouroient par elles-mêmes ou par le soin qu'elles avoient de se procurer des intermédiaires. Voilà quel étoit le sexe qui fut autrefois proscrit de la France, et aujourd'hui encore dépouillé de tous ses biens, le modèle de toutes les vertus sociales!

Dans ce temps heureux, dont la sagesse moderne, c'est-à-dire le pillage et le scandale, sourient de mépris, vous teniez à leur égard le même langage que moi, vous leur rendiez la même justice; vous surtout qui, encensant l'idole de votre fortune, leur prodiguiez les plus basses adulations, que souvent à peine leur modestie pouvoit supporter; vous tous leurs plus grands ennemis aujourd'hui (et c'est la remarque qu'on a faite partout), qui assiégiez leur porte, leur salon, affamiez leur table; vous, leurs favoris, qui ne viviez que par eux et ne sembliez respirer que pour eux; que les temps ont changé! Honorant de votre haine tout ce qui s'élevoit au-dessus de vous, tous les genres de supériorité sans exception, vous payâtes cruellement les généreux services qu'ils vous avoient rendus; vous punîtes les richesses qui vous avoient si souvent secourus, les talens qui vous avoient éclairés, le génie, la gloire, la vertu même; et Aristide est sacrifié, parce que les Athéniens s'ennuient de l'entendre appeler *le Juste.*

Ainsi, comme les Athéniens, fatigués d'entendre retentir dans tout l'univers la gloire de cette France, à laquelle vous n'aviez aucune part, puisque vous vous disiez esclaves, vous avez cru pouvoir vous l'approprier, en détruisant ceux qui en étoient les véritables auteurs; et, dans la fureur de vos bacchanales, non contens du massacre des vivans, vous descendîtes dans ces asiles sacrés de la mort, pour y profaner les restes de cet illustre corps, qui avoit pris sous sa protection la France encore dans son berceau, l'avoit dirigée pendant une longue suite de siècles, avec des soins infatigables, dans les sentiers de la vertu et de la prospérité, et enfin l'avoit conduite à cet âge florissant qui la rendoit l'arbitre des autres nations! Et vous, dans quelques années de vos forfaits, vous l'avez réduite à sa dernière décrépitude, tributaire, esclave de ses voisins, où elle auroit péri sans ressource, si une illustre famille n'étoit venue rompre ses chaînes.

Jamais on ne vit pareille ingratitude, ni un tel désir de vengeance à la place d'une reconnoissance si bien méritée. Acharnés contre leurs victimes expoliées et anéanties, ces hommes de désordre fomentent les haines, en rappelant à chaque instant à la mémoire du peuple les prétendues vexations des droits féodaux; ils le tiennent toujours prêt à donner un coup de main au besoin, en l'entretenant de fables, de revenans, en lui parlant du retour des champarts et des censives, que les seigneurs ou anciens propriétaires de tels droits ne se rappellent pas plus que les Romains ne se rappellent les tributs imposés sur les Gaules. Ce ne sont plus de part et d'autre que des recherches historiques, et la force des événemens compensant les laps de temps, il est arrivé que ces droits et ces tributs sont précisément au même point dans leur imagination. Le sacrifice en est fait sans retour, et ils ne viendront plus causer aucune inquiétude à la société, qu'autant que les méchans se serviront de cet épouvantail, comme d'un levier de leurs révolutions.

Si le Roi a exigé de la noblesse le sacrifice de ces droits, ce n'est pas qu'ils fussent injustes, comme les malveillans s'efforcent de le persuader au public, mais parce qu'il étoit nécessaire à la tranquillité de la nation. *Unus debet mori pro populo.* Pour nier la légitimité de ces droits, il faudroit ne pas avoir la moindre teinture d'équité, ni même de civilisation ; car toutes les nations civilisées ont consacré dans leur code la prescription, comme loi fondamentale du repos de la société. Or, l'origine de la plupart des droits féodaux est tellement perdue dans l'antiquité des siècles, qu'aucun historien n'a pu nous en fixer l'époque. Les uns tirent leurs principes de la tradition des fonds, d'autres des coutumes régies par la maxime *Nulle terre sans seigneur,* mais tous consacrés par des titres, la sanction de nos rois ou le consentement des siècles. Ce qu'il y a de plus certain sur l'origine de la féodale, est que, lorsque les Francs se jetèrent sur les Gaules, alors esclaves des Romains, ils conquirent le territoire sur ces derniers ; ensuite le pouvoir de la société divisa la propriété aux divers chefs de la nation, à titre de récompense, déjà méritée par leurs beaux exploits, ou à charge de service militaire à l'avenir. Ceux-ci, uniquement occupés aux armes, pour conserver ce qu'ils avoient conquis, distribuèrent la propriété aux soldats, ou aux familles entières qui les avoient suivis, aux Gaulois et aux Romains qui s'étoient rangés sous leurs drapeaux, avec charge également de payer au véritable propriétaire certaine quantité de blé ou autres denrées. Ces colons reçurent alors ces propriétés avec la plus grande reconnoissance envers leurs bienfaiteurs, qui les avoient sortis des bois de la Germanie, ou de l'esclavage des Romains, et tirés de la misère où ils étoient plongés. Pendant une longue suite de siècles ce contrat parut très-juste à tout le monde, et on en a rempli exactement les conditions, jusqu'à ce qu'il plût à des gens, qui ne reconnoissent d'autre droit que la force, de les regarder comme oppressifs, le propriétaire bienfaisant qui l'avoit consenti, comme un tyran, et le misérable colon qui l'avoit accepté avec reconnoissance, comme un esclave. On objectera sans doute le grand principe d'égalité, qui devoit donner à tous les conquérans une égale part sur les biens conquis ; mais ces hommes d'égalité auront-ils donc toujours deux poids et deux mesures? Ils l'invoquent quand elle leur est avantageuse, et ils la repoussent quand elle leur est nuisible. Ont-ils bien pris garde, dans leurs conquêtes ou leurs pillages, que la portion du soldat fût égale à la leur? Pour convaincre de partialité et d'injustice les cruels ennemis de la féodale, je suppose que les acquéreurs des biens des émigrés, occupés à les défendre, ou fatigués de leur exploitation ou bien encore dans le dessein utile à la société, d'augmenter le nombre des propriétaires, sans étendre le sol, donnassent aujourd'hui ces biens, sous une modique redevance, à tous les misérables qui se présenteroient, leur paroîtroit-il bien juste que, dans quelques années d'ici, dans quelques siècles si l'on veut, leurs colons, autrefois si reconnoissans, commençassent à les traiter de tyrans, et, se disant eux-mêmes leurs esclaves, leur enlevassent leur propriété, en déclarant par un premier décret leurs rentes rachetables, et par un second, l'anéantissement ; et, de peur qu'il n'en restât quelque trace, qu'un troisième décret ordonnât l'incendie de tous les titres qui les constatoient : il ne manqueroit plus que d'ordonner le massacre de ces propriétaires, coupables d'avoir partagé leurs propriétés avec tous les misérables. Eh bien! le massacre des descendans de ces premiers bienfaiteurs de l'humanité est ordonné, et voilà l'histoire des émigrés. Or, une nation civilisée, puisqu'on veut que ce soit la nation française qui ait anéanti ces droits, et non pas quelques pillards qui ont consenti à partager le butin avec ceux qui leur prêteroient main-forte, pouvoit-elle faire un crime digne de proscription et de mort à des individus, parce qu'ils jouissoient des droits qu'elle-même leur avoit accordés, et qui étoient consacrés par toutes les lois de la société.

Voilà cependant ce que firent nos révolutionnaires, ces redresseurs de tous les torts, les don Quichotte français ; ils ne respectèrent rien de tout ce que nos pères et toute l'antiquité avoient le plus révéré. Le seul nom d'un homme fut pour eux digne de mort, comme le seul nom de féodale, digne de proscription et de confiscation ; et l'homme qui, depuis deux ans seulement, avoit donné sa propriété sous une redevance féodale, a été enveloppé dans le même malheur que celui qui jouissoit d'un titre immémorial. Pourroit-on penser que ce renversement de tout ce qui constitue les sociétés ne trouveroit pas d'opposans? Et peut-on faire un crime digne du dernier supplice, à des hommes qui ont essayé de défendre leurs propriétés contre le pillage et leur nation du vandalisme le plus féroce? Non; et, bien au contraire, c'est une vérité honorable pour les propriétaires de ces droits qu'ils défendirent avant de les céder; et, accoutumés à protéger de leur épée la gloire de leur patrie, ils essayèrent de s'opposer au règne de l'injustice et du crime, que les usurpateurs s'efforçoient d'y introduire, ce à quoi ils ne réussirent malheureusement que trop. Mais la résignation surhumaine avec laquelle ces hommes, jadis proscrits par le crime, et aujourd'hui encore dépouillés de leurs biens par convenances de paix, supportent leurs malheurs, nous est un sûr garant que, si le monarque légitime leur avoit demandé le sacrifice de leurs droits pour le bonheur de la nation, peut-être bien se seroit-il trouvé parmi eux quelque égoïste, préférant le bien particulier au bien général; mais qui peut douter du dévouement sincère du corps de la noblesse, qui a sacrifié depuis le commencement de la monarchie, au bien général de sa patrie, ses soins, son repos, sa vie, et plus de biens que ce corps n'en possédoit lorsqu'on l'a dépouillé de ce qu'il réservoit encore pour la prospérité de la nation? Voilà les vrais amis de la patrie, ceux qui ne savent refuser aucun sacrifice pour lui procurer la paix, ceux qu'on a toujours vus aller au-devant des misères du peuple, en donnant leur propre bien pour former, même avec somptuosité, des asiles à sa dernière misère, établissant des monastères, ressources infinies pour une infinité d'individus, et tant d'autres pieux établissemens pour la prospérité de la religion, la gloire de la nation, et l'avancement des arts et des sciences; et non pas ceux qui, vociférant le mot de *vive la Patrie*, usurpoient le trône, les droits des cités, des corporations, les libertés locales, les propriétés particulières, la vie des citoyens, et qui s'emparoient enfin des biens des hôpitaux et de toutes les belles ressources de la nation, dont le corps de la noblesse l'avoit enrichie; mais ces hommes de proie, quoique la force des circonstances les ait rendus propriétaires incommutables de tant de biens, sûrs de n'être jamais recherchés par les anciens possesseurs, pensent-ils qu'après avoir imbu les peuples de leurs doctrines spoliatrices, il n'y aura jamais que des prêtres et des nobles à spolier? Croient-ils que leurs nouveaux titres, quoique respectables sous certains rapports, soutenus par la sanction du Roi, qui sera toujours sacrée pour tout bon citoyen, soient plus respectables que les anciens titres des nobles, par ceux à qui ils ont appris que la révolte étoit le plus saint des devoirs? Ils craignent la dynastie régnante, dont les sermens sont le plus sûr garant de leurs nouveaux titres, et ils ne craignent pas leurs doctrines, ni ces essaims de pillards sortis de leurs écoles, qui, ne trouvant plus rien à piller, ni chez les prêtres, ni chez les nobles, pilleront infailliblement leurs maîtres. Cela seroit du moins fort probable; car, celui qui élève et apprivoise le lion, est ordinairement dévoré par lui. L'inquiétude, les remords, compagnons inséparables de l'injustice, les égarent, en leur persuadant qu'il est impossible qu'ils ne soient recherchés sous un gouvernement juste et paisible, et ils cherchent le soutien de leur élévation dans les mêmes élémens qui les tirèrent de la poussière, les mouvemens populaires, les révolutions qu'ils fomentent de tout leur pouvoir ; et, n'ayant jamais connu le doux plaisir qu'une grande âme goûte à pardonner plutôt qu'à punir, ils ne peuvent se persuader qu'ils n'ont de salut que dans la légitimité qui a garanti leurs titres, et ils ne voient pas que les révolutions, qu'ils désirent tant, les leur mettroient en question. Imbus de cette erreur déplorable, ils se creusent péniblement leur tombe en fouillant dans le désordre. Incapables de tirer aucune instruction de l'expérience, ils ne font pas attention que leur fille chérie a dévoré infiniment plus de ceux qui lui avoient donné le jour, que de ses ennemis; que ses plus dévoués fauteurs ont été engloutis sous les ruines de leurs iniques ouvrages; qu'aucun de ceux qui se sont mis à la tête de nos révolutions, n'a pu les diriger, ni contenir leur fureur, et qu'à l'exception de ceux qui sont venus se réfugier sous la clémence de la légitimité, tout a péri, révolutions et révolutionnaires, dans les convulsions de la rage et du désespoir. Terrible maladie, qui, corrompant la masse du sang de certaines personnes de la société, ne donne aucune espérance de retour aux vrais principes. Je n'en connois qu'un qui, aux approches de la mort, ait manifesté quelque signe de la contrition d'Antiochus: c'est Danton, qui, accompagné de frères et amis, allant au supplice, en représailles de tant d'autres qu'il y avoit envoyés, prit la main de l'un d'eux, avant de monter sur la fatale charrette, et lui dit: Mon ami, s'il y a des révolutions dans l'autre monde, ne nous en mêlons plus.

Que seroient devenus, au mois de juin 1820, tous ces malades atteints de cette furie révolutionnaire, si le gouvernement ne les avoit sauvés de leur propre fureur, avant même que toute leur lèpre fût publiquement connue. Il ne leur restoit plus de moyen de manier cette France, selon leur usage, comme une espèce de crible, pour pouvoir dominer et surnager selon leurs désirs à force de tours et de retours, comme les mauvais grains. Les malheurs ont déjà fait justice des mots magiques, liberté, égalité, souveraineté; on ne peut plus s'en servir pour insurger les peuples. Au lieu de ce premier enthousiasme délirant qu'ils inspiroient, leur souvenir seulement glace d'effroi le cœur de tout honnête homme. La concession de la dîme, des rentes et champarts a fait son cours, le peuple en est en possession ; et, ne le fût-il pas, il ne les achèteroit plus au prix qu'il a été forcé de les payer. L'épouvantail de la domination féodale, qui égara tant de monde, a infiniment perdu de sa magie ; les peuples accoutumés à trouver un ami, un père dans leurs seigneurs qui leur rendoient tous les services possibles, ont appris à l'école du malheur à les regretter même, lorsqu'ils n'ont trouvé que bourreaux sous la domination jacobine, et ensuite autant de tyrans que de plats serviteurs du soldat corse.

D'ailleurs, le peuple, instruit par une douloureuse expérience, que les révolutions se font toujours par lui et jamais pour lui, ne voudra plus être l'instrument et le marche-pied de charlatans ambitieux et cupides, aujourd'hui ses courtisans et demain ses oppresseurs ou ses bourreaux. Tant qu'il conservera la mémoire de la manière cruelle avec laquelle il a été trompé par les agitateurs du désordre, il ne sacrifiera plus sa vie pour confirmer des aventuriers sortis de ses rangs dans l'éminente distinction de ses seigneurs, pour confirmer les usurpations qu'ils ont faites sur lui-même, au préjudice de la paix et du bonheur de la patrie, que notre chère dynastie régnante lui garautit avec cette bonne foi éprouvée pendant tant de siècles, sans jamais se démentir. D'un autre côté, il est difficile de diriger le peuple contre la misère, il n'a plus rien à faire, ni chez les prêtres, ni chez les nobles; toutes leurs richesses ont passé en d'autres mains, et ont été s'entasser dans celles des acquéreurs des biens nationaux, ou des faiseurs de révolutions, qui probablement feroient les frais de la première qu'ils trameroient. La convoitise des peuples se portera toujours vers ces biens de toutes ses forces; les uns, par jalousie, prétendront avoir autant travaillé à ébranler leur première stabilité que ceux qui les possèdent, et que, par cette raison, il leur en appartient quelque lambeau; les autres croiront avoir autant de droit à des biens confisqués, que ceux qui se les sont adjugés ; et tous penseront que les nouveaux titres ne doivent pas être plus respectés que les anciens ; qu'il est juste que ceux qui lui ont appris à violer les droits sacrés de propriété, retirent de leurs instructions le fruit qu'ils méritent ; qu'ils doivent se porter au pillage avec d'autant moins de scrupule, qu'ils ne croiront voler qu'à des usurpateurs ; chacun pensera qu'il y auroit de la duperie d'être témoin du butin sans y prendre part.

Après le premier enthousiasme révolutionnaire, le peuple a mieux réfléchi, il a reconnu ses erreurs, il regrette aujourd'hui les biens des communes, de ses hôpitaux, dont sa propre rébellion l'a privé. Chacun voit avec jalousie et indignation même, que son voisin en jouisse à son détriment, et se plaint de voir tarir la source des biens immenses, qui découloient en mille manières sur lui, des richesses du clergé et de la noblesse ; il ne supporte peut-être pas avec moins de peine la morgue des nouveaux parvenus, qui ont pris la place de ses seigneurs. Il récapitule, dans l'amertume de son cœur, la chaîne de malheurs où l'ont entraîné sa légèreté et son inconsidération ; et il faut que ceux qui essaient encore de l'égarer soient bien insensés de croire que l'expérience de ceux que la révolution a opprimés et ruinés, soit la même que celle des oppresseurs qui ont fait fortune dans le pillage.

Le système actuel du gouvernement n'a donc d'autre ennemi que les impies, dont le projet de renverser le trône et l'autel existe depuis plus d'un siècle ; et les acquéreurs des biens nationaux, qui ne feront jamais sincèrement alliance avec aucun gouvernement paisible et équitable. Toute loi juste leur fera toujours craindre pour leur première injustice; leurs craintes factices ou hypocrites d'un côté, qui engendrent de l'autre des espérances, quoique mal fondées, seront toujours une source de discorde dans la société, jusqu'à ce que le gouvernement ait ménagé un mode d'arrangement à l'amiable entre les premiers et les seconds propriétaires, de manière que les uns ne gardassent pas tout, ni que les autres ne retirassent pas tout ce qu'ils ont perdu.

Ce seroit un problème difficile à résoudre, pour savoir quelle marche prendroit la voie révolutionnaire, si la tourbe impie réussissoit, dans ses tentatives journalières, à rompre les liens de la société. Partout où la révolution a passé, elle n'a rien laissé à déplacer ou à détruire. Or, ce qu'elle a détruit ne peut plus lui servir de moyen ou de levier; quant à ce qu'elle a déplacé, elle ne pourroit que déplacer encore, il arriveroit donc probablement que la populace effrénée, qui n'aime rien tant que de secouer le joug des lois, pour profiter, du moins momentanément, du pillage, ne trouvant plus rien à piller, là où elle a tout pillé, diroit ce qui a été dit dans le Corps législatif: *Des principes ne suffisent pas, il faut des moyens, et le meilleur moyen est de prendre les biens des émigrés et de leurs parens;* et elle ajouteroit: Les secondes mains, où ils sont passés, ne sont pas plus sacrées que les premières; et alors il arriveroit probablement que les confiscations en France suivroient le même sort de toutes les confiscations dont il est fait mention dans l'histoire, qui, après trente, quarante ans, et même après un siècle, sont ordinairement revenues à leurs premiers possesseurs, ou du moins elles ont abandonné les derniers. Nous en serions déjà à ce point, si on laissoit faire les libéraux ; ils se dépouilleroient eux-mêmes des biens dont ils ont dépouillé les autres ; à force de révolutions, à force de fouiller dans le désordre, ils y trouveroient leur tombeau ; car les révolutions ne se sont jamais bien entendues avec leurs chefs ; elles ont toujours dépassé les bornes que ceux-ci leur avoient prescrites; et tout homme qui prétendroit les diriger à volonté, seroit aussi insensé que celui qui lanceroit un cheval fougueux dans la campagne, et voudroit en diriger tous les pas.

Depuis plus de trente ans, les libéraux s'épuisent en vains efforts pour former une société à leur fantaisie, c'est-à-dire appuyée sur des bases destructives de toute société. Leur dernière gentillesse, en ce genre, a été d'offrir la couronne de France au rabais, à qui en voudroit, pourvu que ce ne fût pas un Bourbon ; et cela, parce qu'un roi de fabrique libérale ne doit pas être un homme juste ; sa justice effraieroit les frères et amis, ils la regarderoient comme une trahison. Toutes les vertus qui caractérisent l'honnête homme sont exclusives d'un trône libéral. Celui qui prétendroit l'occuper doit être immoral, parce que les libéraux n'ont aucune moralité ; il doit être injuste, parce qu'ils craignent toujours que la justice ne les dépouille tôt ou tard;

il doit mépriser les droits sacrés de la propriété, parce qu'ils l'ont foulée aux pieds ; il doit être irréligieux, parce qu'ils sont les ennemis déclarés de la religion, qu'ils poursuivent sans relâche ; enfin, il doit être sans Dieu, parce qu'ils n'en reconnoissent aucun. Tout au plus, et grâce faisant, leur patron, d'horrible mémoire, reculant devant l'abîme qui alloit l'engloutir, concéda à un Être-suprême un diplôme d'existence, et cela, par un beau décret. Dépouillant ainsi celui qui seroit trouvé digne d'être appelé leur roi, ils ne lui laissent d'autre mobile de ses actions que l'intérêt personnel, et ils ne font pas attention que l'intérêt d'un libéral sur le trône est tout différent de l'intérêt d'un libéral simple particulier ; cependant le soldat couronné leur a bien fait sentir cette différence. Tandis qu'il fut simple particulier, il ne pouvoit souffrir que des rois *in partibus;* étant monté sur le trône, il s'entoura d'une troupe de tyrans dont il fut le chef, et tous ensemble précipitèrent le reste de la nation dans le plus dur esclavage ; il enleva au peuple toutes ses prérogatives libérales, que les faiseurs de révolutions réclament aujourd'hui hypocritement, pour faire du scandale, quand ils en sont en pleine possession ; et, n'en doutons pas, il auroit enlevé de même, et remis aux premiers propriétaires, ces biens, sujets de tant de craintes, s'il y avoit trouvé son avantage, et si les émigrés avoient pu se soumettre de bonne foi à porter les chaînes dorées d'un usurpateur ; car tout le monde sait qu'il étoit dans le dessein de faire payer la juste valeur des biens nationaux, d'où s'en seroit suivie l'expulsion d'une grande partie, et de créer ou rétablir les droits féodaux, comme il avoit créé des barons, des comtes, des marquis et des ducs; et à la vérité, alors il auroit été conséquent, parce que tous ces titres sont vains, absurdes et inutiles pour le maintien de la société, s'il n'y a pas des fiefs attachés.

Mais qu'importe qu'un usurpateur ne donne pas plus de garantie qu'un Tartufe ou un Mandrin; les artisans du désordre, qui font depuis tant de temps le malheur de la France, aiment mieux que leur vie et leur fortune courent les chances des révolutions, que de les voir garanties par la Charte et la parole du Roi, s'ils doivent être condamnés à supporter la présence de leurs victimes spoliées. Ils seroient au comble de leurs désirs, si, à force de fouiller dans les ordures de l'iniquité et de l'immoralité, ils pouvoient établir un pouvoir qui écrasât prêtres et nobles, les anéantît avec leurs craintes et leurs remords. Leur haine est aussi injuste, aussi barbare que celle d'un jeune libertin qui, nourri dans le sein d'une tendre mère, l'égorgeroit parce qu'elle se seroit opposée au torrent de ses passions.

Bien des personnes parlent de la féodale et des nobles sans connoissance de cause, et seulement par esprit de parti. On est extrêmement frappé des abus qui pourroient s'y être introduits, sans aucun égard aux bienfaits que nous lui devons; car quoi qu'en disent ceux qui ont voulu la dépouiller, pour se couvrir eux-mêmes, il n'est pas moins vrai quelle est la créatrice, la mère de la société française; que c'est elle seule qui lui a fait traverser si heureusement tant de siècles, semblable à ces arbres qui étendant au loin leurs épais feuillages, fournissent aux voyageurs un abri contre la pluie et les orages. Ainsi la féodale, dans ces temps orageux de barbarie, a défendu nos personnes, nos biens et nos libertés, qui auroient été si souvent envahis par le despotisme ou l'anarchie. La France alors reconnoissante pour des services signalés, crut devoir lui accorder ces titres distinctifs qui excitent tant aujourd'hui la jalousie, surtout de la classe bourgeoise, et que la France révolutionnaire a jugés dignes de proscription et de mort. Lorsque la société romaine eut rompu ses liens, et dans bien d'autres circonstances, la civilisation disparut, l'anarchie régna, et vingt peuples barbares se disputoient les différens pays de l'Europe. Qui est-ce donc, sinon la féodale, qui nous conserva alors ce beau coin du globe, qui peut en être regardé comme le jardin, tant de fois arrosé du sang de la noblesse, et dont cependant l'ingratitude la plus atroce l'a chassée elle-même de nos jours?

Si, dans un temps où le peuple étoit pauvre, désuni, indifférent presque pour son sort avenir, et endormi dans la plus stupide apathie, les nobles n'avoient pas déployé cette énergie, s'ils n'avoient pas eu ces mœurs chevaleresques qui eurent toujours tant d'influence sur la conservation de la société, elle seroit tombée en dissolution. Le pouvoir, concentré dans un seul homme, n'eût pu prévenir la ruine dont elle étoit menacée à chaque instant, dans ce temps de désordre et de barbarie. Il fallut que la main des prémiers citoyens soutînt l'édifice social, et protégeât les personnes et les propriétés de chacun ; et si, jusqu'à ces mots même de droits, de priviléges des peuples, n'ont point péri dans ces grands naufrages, c'est aux lois féodales que nous le devons. Elles seules les ont empêchés de disparoître chez nous, comme ils ont disparu en Asie sous le despotisme ; elles seules ont opposé des barrières à la tyrannie, qui se seroit abandonnée sans frein à tous les excès, et à l'anarchie des peuples qui auroit tout renversé.

On a reproché aux nobles, et on a dit, pour égarer le peuple, qu'ils occupoient seuls tous les grades dans l'état militaire. Cela est vrai jusqu'à un certain point, mais il n'y avoit pas de loi exclusive de personnes ; et, en compensation de cet abus, si cela en étoit un plutôt qu'une sage disposition du gouvernement, les nobles étoient exclus du commerce ; or, le commerce offroit plus d'avantages que l'état militaire. Si les nobles avoient été moins prodigues de bienfaits envers la nation, s'ils se fussent emparés du commerce, avec les sommes qu'ils dévoroient au service du roi et à l'avantage de la patrie, ils auroient écrasé le commerce des particuliers ; et je ne doute pas qu'alors tous n'eussent accédé volontiers aux dispositions réglées par la sagesse du père commun, à l'avantage de chacun.

Ces hommes qui, de l'état de misère, sont devenus grands seigneurs, dans l'état militaire, ont pensé et persuadé au public, que la même cupidité qui les dévore avoit toujours engagé les nobles au service de leur roi. C'est une erreur, comme tant d'autres, dont les artisans du désordre se servent pour égarer le peuple. L'honneur seul ou l'amour de la patrie précipitoit la noblesse dans les combats; l'appât du gain et des richesses étoit l'unique mobile des révolutionnaires; un ruban, une croix, suffisoient aux premiers, il faut de l'or aux derniers; on n'a pas pu supporter ces distinctions honorifiques qui ne coûtoient rien au peuple, il faut aujourd'hui supporter les distinctions des fortunes, qui l'écrasent. Reprochera-t-on à la noblesse ces richesses scandaleuses, de l'abus desquelles la patrie aura toujours à gémir; ces fortunes colossales, ces subites métamorphoses de quelques vieux haillons en habits dorés, de cabanes en palais somptueux? De tant de généraux et de ministres qui se sont succédés pendant la révolution, qu'on nous en montre un seul qui ait donné un exemple de désintéressement pareil à celui de ces deux généraux, échantillons du débris de l'ancienne noblesse, Clarcke et Richelieu. Le premier refusa constamment la retraite due à ses services et à sa fidélité, le second la reçut après bien des instances, pour en faire un cadeau à l'hôpital de Bordeaux. Quelle différence de ces hommes désintéressés, qui servoient la patrie par état, et ces cupides meûniers, ces tailleurs qui, en l'assassinant, la pillant, la tuant, vociféroient, *Vive la nation*. Si les nobles entroient riches au service du roi, ils en sortoient le plus souvent moins riches; s'ils y entroient pauvres, ils en sortoient de même. Toute la récompense qu'ils ambitionnoient et espéroient de leurs services, étoit la gloire d'avoir bien servi leur roi et leur patrie.

On a prétendu que les nobles étoient les despotes de la nation ; mais leur éducation consistoit principalement à leur apprendre à bien la servir. On leur avoit inculqué profondément dans le cœur cette maxime, qu'une monarchie ne peut pas se soutenir sans noblesse ; dès lors, ils s'en regardèrent, avec raison, comme les uniques soutiens ; et lorsqu'ils furent forcés à s'éloigner du trône, la vérité de cette maxime se vérifia, pour le malheur de la France, dans toute son exactitude. Toute leur éducation tendoit au bien public. On leur avoit appris dans leur jeunesse, et ils avoient même sucé avec le lait dans le sein de leur mère, qu'ils n'étoient pas nés pour eux-mêmes, mais qu'ils devoient se sacrifier pour leur roi ; qu'ils ne seroient jamais grands dans le monde, qu'autant qu'ils illustreroient leur patrie par leurs beaux exploits. Combien de fois j'ai vu, entendu ces héroïnes, jadis proscrites, et maintenant encore dépouillées de ce que les lois, la nature, leur avoient donné ; ces mères, brûlant d'amour pour la gloire de leur pays, prendre leurs enfans, les caresser en leur parlant des belles actions de leurs ancêtres ; pour leur inspirer le désir de les imiter. Quels moyens ne prenoit-on pas dans ces colléges royaux où les enfans de cette classe étoient ordinairement élevés ; rien n'y étoit négligé de tout ce qui pouvoit leur inspirer le courage militaire, l'attachement personnel envers le souverain, la fidélité, l'honneur, l'humanité, et enfin tout ce qui pouvoit faire d'eux des véritables serviteurs de la patrie.

Indépendamment de ce que la noblesse avoit fait

pour la prospérité de l'État, en établissemens pour la religion, encouragemens pour les arts et les sciences, soulagement pour les pauvres, elle porta son enthousiasme au dernier période pour l'illustration de l'armée française; après l'avoir fait remarquer à toute l'Europe par sa discipline et son courage, elle crut que l'opulence ne lui attireroit pas moins les regards et le respect des nations voisines, et elle sacrifia son patrimoine à sa belle tenue. Aussi on n'entendoit pas alors les plaintes qui furent faites dernièrement à l'assemblée (notre armée est pauvre), quoique jouissant de traitemens doubles de ceux de ce temps-là. Les officiers étoient obligés à suppléer à leur modique solde, à s'entretenir à leurs dépens, et au soulagement du peuple. Il n'est donc pas étonnant, et moins encore injuste, comme l'ont tant de fois affirmé les agitateurs du désordre, que le gouvernement dans sa sagesse n'admit ordinairement dans les grades supérieurs de l'armée, que des personnes capables de faire les dépenses qu'exigeoit alors l'état militaire, et des hommes qui en eussent puisé l'esprit et le goût dans le sein même de leur mère. Je ne dirai pas qu'il soit impossible de faire d'un cordonnier, d'un artisan quelconque, un général habile et courageux; mais il seroit peu commun que l'honneur dirigeât ses actions, et que son intérêt propre n'en fût le premier mobile; car l'éducation fait tout sur les hommes; elle influe sur leur moral, comme le climat sur leur physique, et en change, pour ainsi dire, la nature, comme le climat en change la couleur. Or, en général, l'éducation des peuples a été et sera toujours étrangère aux premiers grades des armées et aux intérêts de la nation, parce qu'elle est trop dirigée vers l'intérêt personnel. Aussi, dans le plus grand nombre de ces généraux d'aventure, le contraste de leur première misère avec l'opulence où ils sont parvenus, a plutôt frappé les yeux du public, que leurs exploits guerriers. Avouons-le, la nation française n'étoit pas accoutumée à payer si cher les services militaires; l'honneur de la servir suffisoit à la noblesse: son éducation garantissoit son désintéressement, et c'est dans ce corps que le gouvernement pouvoit sagement présumer la fidélité au roi et à la patrie.

Il est assez extraordinaire que les cupides du bien d'autrui aient si bien réussi à accréditer leurs calomnies auprès du peuple, contre le corps de la noblesse, pour s'emparer de ses biens; qu'ils le calomnient toujours avec le même acharnement, le décréditent dans la crainte chimérique qu'ils ont de les perdre; et que cependant tous les individus de ce corps soient considérés, respectés, aimés, chacun dans son endroit; que l'opinion du peuple admette une si grande différence entre le mot noble, génériquement pris, dont il s'effraie, et les nobles en particulier, qu'il chérit. Cette différence vient sans doute de ce que le peuple n'ayant pas pu vérifier, à cause de la grande distance des lieux et des temps, la fausseté des imputations atroces dont les méchans veulent accabler ce corps, il les a crues légèrement, et en a injustement nourri sa haine; et qu'il n'a pas été si facile de lui persuader le contraire de ce qu'il voit et sent, et lui faire dire que les bienfaits qu'il a reçus de son seigneur soient des outrages qui méritent son animadversion. Mais, pour entretenir le désordre et les erreurs populaires, on se sert encore des mêmes stratagèmes, des mêmes impostures dont nous fûmes les témoins pendant la plus grande fureur révolutionnaire : on dit que tout doit être fait au nom du peuple, on le flatte pour mieux l'enchaîner, dans l'espérance de l'avoir pour auxiliaire, on lui désigne comme ses ennemis les victimes qu'on veut immoler à sa propre haine. Déguisant ainsi la duplicité de leurs desseins sous le voile de la sincérité et de l'intérêt des peuples, on diroit que ces philantropes du temps ne respirent que pour le peuple, ne veulent et ne font que ce que veut le peuple ; comme Robespierre qui, tandis qu'il s'écrioit : c'est le peuple souverain qui veut ces proscriptions, une foule de ce même peuple accompagnoit les bannis, menés aux frontières au milieu d'une double haie de baïonnettes, leur donnant des larmes, leur prodiguant des secours et leur souhaitant toute sorte de consolations. Les factieux aujourd'hui, pour conserver ces mêmes biens, comme alors pour les enlever, ont la même bassesse que Robespierre, de flatter le peuple, en lui parlant de sa sagesse, de ses lumières, de sa souveraineté, de sa raison et de ses opinions, et de calomnier ses véritables amis, auteurs de la grandeur française. Mais malgré tout l'art qu'on emploie pour l'égarer, si l'on doute encore de son sincère retour vers ses bienfaiteurs, quoique quelques-uns d'eux, à la vérité, se soient laissés égarer dans le principe par une imagination trompeuse, qui leur promettoit d'être d'abord les égaux et bientôt les maîtres de leurs maîtres ; qu'on lui permette à ce peuple de s'expliquer, de donner son opinion ; qu'on le constitue juge des torts qu'il a reçus de la noblesse. Celle-ci ne le récusera pas ; elle ne demande pas mieux que d'être jugée d'après ses crimes, mais non pas d'après ses colomniateurs ; que ces hommes qu'on appeloit autrefois leurs vassaux jugent chacun leur seigneur ; ils sont les seuls qui connoissent le pour et le contre, le mal et le bien qu'ils en ont reçu ; et je suis assuré qu'ils seroient tous absous ; oui tous absous, par quatre-vingt-dix-neuf voix sur cent ; je ne me réserve que leurs spoliateurs. Et ce que j'avance est d'autant plus incontestable, que leurs plus grands ennemis, effrayés des progrès que faisoit la compassion des malheurs des nobles dans le cœur du peuple, disoient un an après le fameux 9 thermidor, dans la Convention nationale, au milieu de ces consciences bourrelées : qu'il *falloit empêcher les émigrés de rentrer...... Que partout on s'apitoyoit sur les émigrés......... Que de toutes parts les émigrés trouvoient des protecteurs... Que les deux tiers des départemens arboroient, du moins en secret, la révolte pour les émigrés...... Que jusqu'à des membres du gouvernement se lioient avec les protecteurs des émigrés...* Enfin que *si les émigrés étoient jugés dans leurs départemens respectifs, ils se verroient tous acquittés.* Qu'on vérifie si l'on veut l'exactitude de ces citations dans les journaux républicains, notamment dans celui des Débats, et les décrets de la Convention, séances des 1, 5, 11 et 18 fructidor, et 11 thermidor an 3.

Si l'on parle au peuple de son seigneur, ou de tout autre de cette classe qu'il connoisse, son cœur se dilate et se répand en bénédictions, en actions de grâces et en témoignages de la plus grande estime; mais le mot noblesse a pour lui quelque chose de si magique, qu'il renverse sa raison. Les méchans ont attaché à ce mot tous les maux qu'il doit craindre le plus. Cependant cette jeunesse, qu'on égare si cruellement en lui représentant la féodale, oubliée de tout homme sensé, comme un lion prêt à rompre sa chaîne pour la dévorer; qu'elle lise l'histoire avec attention, et elle sera forcée d'avouer que, si la féodale a été quelquefois à charge au peuple, du moins elle a toujours tenu la porte fermée à ce torrent d'abus, de vices et de crimes qui, à son absence, sont venus inonder la France. Quoi qu'en disent les auteurs de nos désordres, tous nos maux se rattachent au renversement de la noblesse. Si elle avoit toujours existé parmi nous, nous serions encore le premier peuple du monde, et nous n'aurions pas vu le trône et les autels renversés. Nous n'aurions pas été le premier peuple qui s'est vu traîné en masse à l'échafaud par des brigands. Nous n'aurions pas vu les mères, comme autrefois à Jérusalem, dans la désolation, pleurant la perte de leurs enfans, et ne pouvant se consoler, parce qu'ils n'étoient plus. Nous n'aurions pas vu les puissances étrangères nous faire la loi dans les murs de la capitale. Nous ne nous serions pas vus sur le point d'être précipités, corps et biens, dans le naufrage de l'État, près à perdre le nom de nation et tomber dans l'état de sauvages, où le plus fort est le plus riche. Mais à quoi bon de rappeler tant de malheurs; à chaque pas que nous faisons, ne voyons-nous pas les traces des ruines, du désordre qui suivirent de près la proscription de la noblesse; et peut-on penser qu'on sépare impunément la tête du reste du corps, sans que tous les membres en souffrent, si toutefois la mort n'en est pas le dernier résultat?

On lui reproche, car la calomnie s'empare de tous les moyens pour parvenir à ses fins sinistres, on lui reproche d'avoir sacrilégement exigé quelques coups de chapeau, au mépris de la déesse *Égalité*, qui existoit, dit-on, dans la nature de tous les hommes, quoiqu'elle n'eût pas encore passé en extravagante loi; on lui reproche enfin d'avoir été trop ambitieuse, et d'avoir aimé la domination.

Ce premier reproche paroît bien injuste; car la politesse, la courtoisie, étoient les caractères distinctifs de la noblesse française, et l'Europe entière lui a toujours rendu ce juste éloge. Pour moi*, j'avoue que je n'ai jamais usé mon chapeau envers eux qu'au détriment du leur. La noblesse ne se refusa jamais à un légitime échange de politesse; au contraire, elle en donna toujours l'exemple; et si la qualité de noble lui donnoit une certaine autorité sur le peuple, elle lui inspiroit en même temps un amour paternel, qui, tempérant le pouvoir, lui faisoit regarder ses vassaux comme ses enfans ; on voyoit alors un certain nombre de familles réunies en une seule, dont le seigneur étoit le protecteur et le père. De cet ordre de choses il pouvoit bien résulter quelques inconvéniens partiaux, des individus pouvoient bien abuser de leur autorité ; mais aussi je ne parle qu'en général, et ne prétends pas justifier ces individus, indignes d'appartenir au corps.

Le reproche d'ambitieux n'est pas moins déplacé ni moins injuste. Étions-nous accoutumés, sous leur régime, à voir ces fortunes s'élever subitement à force de concussion ? Ce que nous voyons aujourd'hui dans presque tous les employés supérieurs de l'administration, auroit été alors regardé comme un phénomène et un scandale. Les généraux, les ministres sortoient du service de la patrie riches ou pauvres, comme ils y étoient entrés. Ils auroient été honteux de se présenter en public parés des dépouilles des misérables. Ils étoient ordinairement riches par leur naissance, mais pauvres par devoir de charité ou par libéralité ; et, malgré leurs grandes richesses, ils étoient généralement reconnus pour les plus obérés, parce que ce qu'ils recevoient d'une main ils le répandoient de l'autre sur toute la nation. Pour ces droits féodaux qu'ils recevoient du peuple, et qui font tant de bruit, chacun alloit reprendre dans le courant de l'année ce qu'il avoit donné ; les uns à la porte, les autres au grenier, ceux-ci au salon ; et tous en étoient dédommagés par les services continuels qu'ils recevoient de leur seigneur. S'ils avoient voulu abuser de leurs richesses, ils les auroient entassées toutes dans leurs mains et ruiné les peuples ; mais en vit-on jamais un seul donner son argent à gros intérêts, à usure? Ils avoient l'âme trop élevée pour s'abaisser à des vilenies dont s'honorent ceux qui prétendent avoir pris leur place.

Ils aimoient la domination ; mais en cela ils n'aimoient que leur état. Les lois de la société les avoient placés au premier rang parmi nous ; ils étoient les dépositaires de nos libertés, de nos droits, et les gardiens de nos vies. Il étoit donc de l'intérêt de tout honnête homme, qu'ils fussent respectés et craints des méchans. Ils devoient se montrer sévères pour l'observation des lois, prévenir le crime avec une rigoureuse surveillance, afin de n'avoir pas ensuite la douleur d'en punir les infracteurs. Leur autorité locale, la crainte, leurs avis salutaires, garantissoient les peuples des rapines, des assassinats ; et de l'échafaud tant de misérables que nous voyons aujourd'hui traînés sur les grands chemins, et de là à la mort, ou séparés de la société des hommes. Qu'on fouille dans les registres du greffe des tribunaux, remplis de condamnations à mort, pour des crimes qui épouvantent l'humanité, et qu'on les compare avec les anciens registres, où à peine trouvera-t-on dans un siècle une page souillée de pareils crimes ; et l'on verra ce qu'a perdu la morale publique, en perdant la protection des seigneurs ou de notre ancien gouvernement ; preuve que l'esprit de domination n'étoit pas dans eux un vice dont nous puissions nous plaindre, mais un devoir, une vertu, dont nous devons être reconnoissans ; on verra que lorsque la France a adopté un autre ordre de choses, que le bien public l'a demandé, ils nous ont montré qu'ils ne savoient pas moins obéir que commander.

A leur rentrée en France, la justice sembloit devoir leur rendre tous leurs biens, puisqu'elle rendoit le trône à leur chef légitime. Vain espoir : des circonstances plus impérieuses que la justice même en décidèrent autrement ; et le Roi dans sa sagesse ne dut leur donner, pour prix de tous leurs sacrifices, que la faculté de venir respirer l'air de leur terre natale. C'est là où leur malheureux destin devoit leur faire épuiser, jusqu'à la lie, le calice de leur malheur. Ils parurent être rejetés loin de ce trône pour lequel ils avoient sacrifié biens et vie, et, à force de fidélité, déchus de la confiance de leur souverain, qui est le dernier coup qu'on puisse porter à un vrai gentilhomme. Mais alors, sans doute, tout leur courage, toutes les forces humaines durent les abandonner! Oui, mais, malgré les continuelles épreuves qu'ils avoient à subir, il leur restoit toujours une résignation surhumaine. Après vingt-cinq ans d'exil et de peines, d'espoir et de fidélité, ils voient leur illustre chef obligé de composer avec ses ennemis et les leurs ; la rébellion en pouvoir, toujours tendant à son but de désordre, calomnie leurs services, les charge de l'épithète d'ultra-fidèles, comme pour leur dire : c'est trop de fidélité ; vos services rendus au souverain ont été des crimes pour nous, nous n'avons besoin que des traîtres : retirez-vous. Dans leurs malheurs, comme dans la prospérité, ils ont toujours donné les premiers l'exemple du bon ordre et de soumission aux lois, même à celles qui les expolioient. Ces braves émigrés, dont le courage égala la fidélité, ne s'insurgèrent jamais pour ressaisir leurs biens, comme tant d'autres dans la frivole crainte de les perdre, sonnèrent le tocsin de la guerre civile pour les retenir. Mais voyant que leurs services n'étoient plus agréables à leur maître ils se contentèrent de se retirer, et furent dans la solitude former des vœux pour le bien de l'Etat, et se consoler avec leur conscience; jusqu'à ce que voyant le souverain en danger et le trône chancelant, alors ils se précipitèrent autour de lui pour le soutenir.

Maintenant qu'on n'envie plus les biens de la noblesse, parce qu'elle n'a plus rien; qu'on ne peut plus la traiter de despote, parce qu'on lui a fait subir à elle-même tous les mauvais traitemens de l'injustice et de l'esclavage, on l'accuse de se presser autour du trône pour solliciter des pensions au détriment du peuple, ressaisir son ancien pouvoir, et lui faire labourer ses champs comme on le pratique à Alger. Voilà ce que les cris de la philantropie révolutionnaire répand dans les campagnes pour tromper ce misérable peuple, l'avoir pour auxiliaire et complice de tous les désordres.

Mais n'est-il pas honteux pour ces hommes, qui réclament tous les jours des pensions pour tous les rebelles de l'Europe, réfugiés en France, de se récrier contre les pensions si économiquement accordées aux émigrés français, fidèles et vertueux, qui pendant 25 ans ont sacrifié leur vie au service de la cause royale en France et hors de France, et dont l'État s'est emparé de tous les biens. Quelle honte pour une nation, de souffrir dans ses administrations, des hommes toujours fidèles à leur tactique chérie de tout détruire, pour se conserver eux-mêmes qui, non contens de jouir tranquillement de leurs trésors, fruit des misères du peuple, voudroient encore salarier tous les brigands qui se présenteroient pour leur aider à les conserver, dans la crainte chimérique où ils sont que, tôt ou tard, la justice ne les en dépouille; que tandis qu'un lieutenant-général espagnol, au service du roi Joseph, qui n'étoit en France que pour avoir fait la guerre à la maison de Bourbon, et dont les intérêts étoient uniquement fondés sur la ruine de cette illustre famille, et de notre monarchie, reçut deux cent cinquante francs par mois, sur le trésor royal de France, sans compter des pensions pour sa femme, ses enfans, ses domestiques, et qu'une famille de colons de Saint-Domingue, chassée, dépouillée, pour avoir été fidèle à des lois jurées, au Roi et à la France, ne recevoit que 60 francs par mois. Peut-on voir un renversement plus odieux et plus dangereux pour une nation, que celui qui met et récompense le crime à la place de la vertu?

Mais toutes ces réclamations, contre des pensions accordées à des émigrés, sont hypocrites et mensongères, puisque tandis qu'on nourrissoit des étrangers, ennemis de la maison royale, ennemis de l'ordre établi en France, on ne donnoit que l'air à respirer à nos fidèles compatriotes rentrés en France; car d'après le rapport de M. Tabarié, sous-secrétaire d'état au ministère de la guerre, dix-sept mille trois cent quatre-vingt-dix-sept officiers émigrés ou officiers de l'armée royale, n'avoient aucune pension, que deux mille six cent trois seulement de ces officiers étoient pensionnés ; que la totalité de ces pensions ne se portoit qu'à 3,815,650 fr. tandis que les pensions des militaires retraités se montent à 60 millions. Il n'y a donc pas de proportion dans la distribution des récompenses: la fidélité à la foi, aux lois jurées, est oubliée, lorsque la révolte, la trahison, sont bien récompensées. Cela vient de ce que les lumières du siècle nous apprennent que pour chasser le crime de France, il faut le caresser et bien le payer, et pour y établir solidement la vertu, il faut la poursuivre et la mépriser.

Je souhaiterois bien que les pasteurs des paroisses, destinés à prêcher, à faire aimer aux peuples cette paix que leur divin maître est venu porter sur la terre, travaillassent de tout leur pouvoir à les détromper et à les réconcilier avec leurs anciens patrons, dont la sagesse avoit élevé les Français à un rang si éminent parmi les autres nations, et que des folies indignes de tout homme sociable ont essayé de rendre si méprisables. Le jour de cette réconciliation seroit celui du repos et de la félicité publique. Les agitateurs du désordre, perdant toute espérance d'avoir le peuple pour auxiliaire, rentreroient honteux dans leurs repaires, ne pouvant plus spéculer sur les dépouilles d'autrui.

Cette jeunesse, qu'on égare par des rapports

mensongers et absurdes, lui représentant la noblesse, tantôt comme des hommes qui n'appartiennent pas à la France, quoique ce ne soit qu'eux, et eux seuls, qui, au commencement de la monarchie, la défendirent contre les incursions des barbares, la protégèrent et la firent respecter dans la suite des nations étrangères, et que leurs titres, en général, ne leur aient été accordés que pour des services militaires, ou pour tout autre engagement de servir, exposer sa vie pour le bien du pays ; tantôt la lui représentant composée d'hommes despotes, cruels, qui ne savent ni commander, ni obéir. Les calomnies des hommes pervers peuvent bien fasciner les yeux de quelque imprévoyant ; mais la conduite qu'ont tenue les émigrés depuis leur rentrée en France, prouve en eux une grandeur d'âme au-dessus de toute foiblesse humaine. Avec quelle résignation ne supportent-ils pas l'adversité qui renverse ordinairement les hommes les plus courageux. Au lieu de les voir tristes, abattus, ne semblent-ils pas au contraire, fiers du sacrifice qu'ils ont fait de tous leurs biens et de leur ancienne grandeur, à la volonté de leur roi, et à la tranquillité de la patrie? Ils ont concouru même à consacrer la perte de leurs biens et se sont vengés ainsi des accusations calomnieuses dont on les accable. Ils se contentent de dire : ne nous enlevez pas au moins la confiance publique, n'effrayez pas nos concitoyens ; nous ne redemandons pas nos biens, mais laissez-nous du moins l'honneur de tout perdre, qui nous est devenu si cher, depuis qu'il est devenu nécessaire au bonheur de notre patrie. Le courage qui nous fait vaincre notre ennemi, n'est pas différent de celui de la brute ; mais celui qui nous porte à nous vaincre nous-mêmes, est le comble de l'héroïsme d'un homme véritablement moral. Que de victoires ne leur a-t-il pas fallu remporter sur les passions, avant d'arriver à ce calme, à cette abnégation de soi-même, qui semble leur avoir fait oublier entièrement leurs richesses et leur grandeur primitive ; pardonner tant d'outrages, et vivre amicalement avec leurs spoliateurs. On les voit quelquefois rôder autour du berceau de leur enfance, qui n'est plus à eux, et respecter toujours la possession de celui qui a un droit légal de leur en interdire l'entrée. Que d'idées cependant à cette vue ne se présenteroient pas à un homme qui n'auroit d'autre frein que les lois civiles, impuissantes contre le désespoir, la rage, le souvenir de tant d'outrages, la privation de ce qui leur a été enlevé sans cause légitime. J'admirerai toujours la modération de ces hommes qui, forcés d'abandonner leur maison, le pavé, les murs ensanglantés du massacre de leur famille, s'échappent à travers les flammes de leurs demeures incendiées, et les coutelas de leurs assassins, pour aller chercher un asile dans des terres étrangères ; et à leur retour ils trouvent leurs persécuteurs, les bourreaux de leurs pères et de leurs mères, femmes et enfans, possédant leurs biens, fauchant le pré, moissonnant le champ qui fut à eux. Eh bien ! a-t-on ouï dire qu'aucun d'eux se soit porté à des extrémités? Ils étoient retenus, me dira-t-on, par les lois ; mais que peuvent les lois de police, contre la faim, le désespoir, la vengeance ; si elles ne sont soutenues par la morale, elles n'empêcheront pas que l'homme exaspéré par les malheurs et l'injustice, ne tue qui a voulu le tuer, et ne fasse le sacrifice de sa misérable vie, pour arracher celle des meurtriers de sa famille. Dans la Bretagne, qui a été le théâtre de la guerre civile, pendant les cent jours, temps où les lois ne comptèrent vraiment pour rien, les émigrés respectèrent toujours celles mêmes qui les dépouilloient ; et ce pays n'a pas offert un seul exemple d'un chef qui se soit permis un seul acte de propriété sur ses propres biens confisqués, et entre les mains des ennemis du Roi, portant les armes contre lui.

Jamais on ne vit un si grand déluge de maux fondre sur les chefs d'une nation, ni supportés avec autant de résignation, ni de sort plus triste, plus désespérant que l'a été, et est encore, celui de la plupart des émigrés français. A force de fidélité, de courage et de vertu, ils se sont vus dépouiller de tout ce que la nature et les lois leur avoient donné, poursuivis par ces invectives devenues banales, de trahison, de lâcheté, d'infamie. Un homme assassiné sur un grand chemin, du moins n'est que victime, et il n'est pas considéré comme coupable, toute l'exécration publique retombe sur son assassin ; mais pour les émigrés, on leur emporte leurs biens et on les charge de tous les crimes de leurs spoliateurs. Les préjugés de la terreur, l'activité de la calomnie, les tyrans de la France, appliqués sans relâche à faire retomber sur les émigrés, les maux qu'eux-mêmes faisoient souffrir au peuple, ont conduit cette misérable victime de sa propre crédulité, à regarder l'émigration, non comme un devoir de ceux qui, par état, étoient obligés de soutenir le trône; mais comme coupables de haute trahison. Cependant lorsque les pillards, les brigands de la France formoient des sociétés fraternelles, pour violer tous les droits de la société, piller, brûler, détruire tout ce qui existoit, il devoit bien être permis, sans doute, aux hommes honnêtes, dont les ancêtres avoient tant travaillé, fait tant de sacrifices pour embellir leur belle patrie, d'en former aussi, pour protéger et défendre les institutions qu'ils avoient jurées, et arrêter le vandalisme qui alloit réduire tout en cendres. Les siècles futurs ne feront-ils pas un mérite aux thermidoriens d'avoir pris les armes pour détruire Robespierre, et fermer l'antre infernal du jacobinisme? Si les moyens des émigrés eussent répondu à leurs vœux, et leurs forces à leur courage, ils eussent épargné à la France, tout ce que ont entassé sur elle d'opprobres et de supplices, de désordres et de malheurs, les deux années du règne de ce monstre exécrable. Si, lorsque nous vîmes notre bon roi entre les mains de ses bourreaux, le poussant chaque jour d'un échelon vers l'échafaud, où ils l'immolèrent; nos sages lois, détruites une à une, pour être remplacées par des lois d'iniquité; le droit de propriété violé; le corps social menacé d'un bouleversement général; toute la nation se précipitant avec férocité dans l'anarchie, et bientôt dans les serres du plus dur despotisme, si alors, dis-je, la noblesse, insensible aux maux de la patrie, n'avoit pas pris les armes, pour défendre le poste que la nation lui avoit confié, les cendres de leurs ancêtres ne se seroient-elles pas élevées contre eux, pour leur demander compte des institutions et des beaux établissemens dont ils avoient orné et enrichi la France? Et comment les gens de biens n'auroient-ils pas plus de droit de les traiter de lâches, de les vouer à l'exécration publique, pour avoir manqué à leurs sermens et ne les avoir pas défendus, que les méchans, pour n'avoir pas voulu participer à leurs désordres et à leurs pillages? Les émigrés se sont trouvés dans la cruelle alternative ou de sacrifier leur repos, leurs biens, et leurs vies, ou leur devoir et leur honneur. Celui-ci comme patrimoine le plus précieux de l'homme, l'emporta sur toutes les autres considérations, et ils peuvent dire comme un de nos grands rois: *Tout est perdu, fors l'honneur.*

L'émigration fût-elle un crime, ils y ont été forcés, sous peine de mort, par ceux qui les en accusent. Livrés sans défense aux complots des brigands, et aux poignards des assassins, ne s'échappoient-ils pas à travers leurs toits embrasés, fuyant loin de leur patrie, à la lueur de leurs maisons incendiées? Qu'avoient-ils fait à cette époque du mois de juillet 89, où leurs châteaux étoient autant de torches parsemées sur le sol de la France, éclairant les scélérats pour commettre toute sorte de crimes sur leurs personnes et leurs biens? C'étoit, dit-on, des mouvemens populaires, inévitables en temps de révolutions; mais c'étoit le gouvernement lui-même qui, n'osant pas encore assassiner directement, prêtoit la main aux assassins. Mirabeau, entendant dénoncer des assassinats, à l'Assemblée constituante, les appeloit *des contrariétés légères indignes de l'attention des représentans de la France ;* et faisoit décider *qu'il n'y avoit pas lieu à délibérer.*

A la vérité tous les châteaux ne furent pas brûlés, les ravisseurs des biens d'autrui jetèrent, dès le commencement de la révolution, des yeux cupides sur quelques-uns, et tâchèrent de les conserver pour eux-mêmes ; mais il n'en est pas moins vrai que, ceux qui ne furent pas forcés de sortir de France, durent l'abandonner par crainte. Celui qui a vu la maison de son voisin, consumée par les flammes, qui a été averti, qui a cru, qui a soupçonné seulement que son tour viendroit, n'a-t-il pas eu le droit de sauver sa vie, ne pouvant pas défendre ses foyers? Le seul supplice d'être témoin du crime, même sans en être l'objet, suffiroit pour faire abandonner le pays où il se commet impunément ; comment prétendroit-on interdire l'émigration à l'homme que tous les crimes menacent, qu'aucune loi ne protége, qu'aucune autorité ne défend ; et quelle autorité, quelle loi défendoit l'immense population qui sortit de France? Lorsque leurs plaintes, leurs suppliques étoient regardées avec mépris par ces représentans tout puissans, qui refusoient aux instances de leurs collégues, justes et humains, un décret qui remît les lois en vigueur et les tribunaux en action, contre les meurtriers et les incendiaires. Il existoit alors, comme aujourd'hui, une loi qui dit : *la maison de chaque citoyen est un asile inviolable, pendant la nuit nul n'a le droit d'y entrer.* Mais cette loi n'a jamais protégé les citoyens de cette classe qui, renfermés dans leur asile, ironiquement appelé inviolable, se sont vus, au milieu de la nuit, sans loi, sans ordres, surpris dans leur sommeil, qui, en ouvrant les yeux, ont vu leur lit environné des torches et des piques des prétendus législateurs, qui, arrachés à leur *asile inviolable*, ont été traînés dans les cachots, pour les massacres qu'on devoit bientôt y commettre. Dès lors le pacte social fut rompu, la communauté dissoute ; les membres étoient déliés de leurs sermens de fidélité envers un gouvernement, qui au lieu de les défendre les égorgeoit ; la patrie avoit disparu, le fantôme qu'on lui avoit substitué avoit perdu tous ses droits sur les individus, en tolérant le meurtre, en couvrant la France de prisons jacobines, en formant des tribunaux révolutionnaires, pour rendre des jugemens iniques, piller, égorger, et menacer toutes les têtes, en soudoyant des sans-culottes, des bouchers de chair humaine.

Non, les émigrés ne sont pas coupables, pour être sortis volontairement ou de force, d'avoir abandonné une terre devenue leur tombeau ; car, ou bien le gouvernement a pu empêcher tant de forfaits, ou il ne l'a pas pu. Dans le premier cas, il a été homicide, dans le second, impuissant ; dans l'un et dans l'autre, j'ai le droit, ou de me défendre contre le gouvernement qui m'assassine, ou de me soustraire au gouvernement qui me laisse assassiner. Certes je puis au moins abandonner qui m'abandonne.

Mais bien plus, ils ne sontpas sortis frauduleusement, ils y ont été autorisés par les lois. Le titre premier de la constitution de 1791, *garantissoit la liberté à tout homme d'aller, de rester, de partir;* cette liberté étoit rangée dans la classe *des droits naturels et civils.*.Un autre article ajoutoit : *Le pouvoir législatif ne pourra faire aucunes lois qui portent atteinte et mettent obstacle à l'exercice des droits naturels et civils, consignés dans le présent titre et garantis par la constitution.* Le 14 septembre 1791 l'Assemblée constituante, *décrète qu'il ne sera plus exigé aucune permission, ni passe-port. Le décret relatif aux émigrés est révoqué, et conformément à la constitution, il ne sera plus apporté aucun obstacle au droit de tout citoyen français, de voyager librement dans tout le royaume, et d'en sortir à volonté.* Les décrets contre les émigrans étant révoqués, il étoit impossible de supposer que quelques restrictions, décrétées antérieurement, à leur égard, subsistassent encore; s'ils avoient été criminels, du moins ils ne l'étoient plus, et quiconque est sorti de France, après avoir lu des lois si formelles, a dû croire qu'il pouvoit aller avec sécurité jusqu'au bout de l'univers, et n'a pas dû s'attendre à se trouver tout à coup, confisqué, proscrit et coupable de mort, pour avoir usé d'un droit naturel et civil, laissé *à sa volonté*, *garanti par la constitution*, *et à l'exercice duquel le pouvoir législatif ne pouvoit, par aucunes lois, porter atteinte, ni mettre obstacle.*

Mais l'Assemblée législative, dès le commencement de son existence, avoit tiré son épée meurtrière hors du fourreau, suivant le langage Disnard, et avoit reçu le 22 octobre 1791, admis à ses séances des députés qui vinrent, au nom des sociétés jacobines, demander que les émigrés fussent punis de mort et leurs biens confisqués; c'est-à-dire que *l'exercice d'un droit naturel garanti par la constitution* de l'État encore existante, fût puni par la mort et par la confiscation. Cette assemblée parjure rendit un décret conforme à la pétition des jacobins en corps; mais, pour le coup, son ouvrage fut frappé de nullité par le *veto* royal; ce qui n'obligea pas les tigres à lâcher leur proie. Ils imaginent une nouvelle loi guère moins cruelle, quoique le mot de mort ne s'y trouve pas renfermé, qui frappe du *séquestre général de tous ses biens, tout Français sorti du royaume sous la sauve-garde des lois.*

S'il se fût trouvé encore quelque légère trace de civilisation dans le cœur de ces hommes de proie, quelque teinture de cette conscience qui fait respecter la justice et empêche de la fouler aux pieds à la face du ciel et de la terre, ils auroient du moins donné une apparence de justice à l'atrocité de leurs lois, en ordonnant aux émigrés de rentrer; ils leur auroient dit: Vous êtes sortis de France, sous l'empire d'une loi qui vous permettoit d'*aller et de venir à vo-*

lonté; vous avez usé d'une liberté que la nature vous a donnée et que nos lois vous ont garantie, mais votre pays se trouvant menacé aujourd'hui, vient de prononcer que cette liberté devoit être suspendue pour quelque temps, une nouvelle loi vous ordonne de revenir parmi nous; venez défendre vos propriétés, la loi récompensera votre zèle, en vous assurant le maintien de vos droits, conformément à nos règlemens ultérieurs, comme elle punira votre désobéissance, en vous en déclarant déchus. On eût créé du moins le délit avant de le punir; on se seroit épargné la honte de punir de mort et de confiscation une action naturelle, la plus légitime, garantie par les lois de l'Etat: mais non; on seroit fâché de paroître conserver un seul sentiment de moralité, ou de daigner s'asservir à une seule forme légale. Non-seulement on ne révoque pas les décrets de l'Assemblée constituante, qui permettoit à tout citoyen d'aller et de venir là où bon lui sembleroit; non-seulement on ne demande pas la suspension de la garantie prononcée par la constitution; mais au contraire, on confirme de plus fort le contenu dans ces deux actes, et on déclare que l'*homme est libre..... qu'il est citoyen de l'univers..... qu'il y choisit sa patrie..... que si son choix est mauvais, il peut changer.... que comme elle peut le repousser, il a droit de la répudier.....* enfin que l'*émigration proprement dite n'existe pas en France;* mais si l'émigration n'existe pas, pourquoi donc la punit-on du dernier supplice? Mais des rebelles sont absens, poursuit le rapporteur du comité; à qui rebelles? à la loi, qui leur a permis de sortir à volonté! à la constitution, qui a prononcé que *le pouvoir législatif ne pouvoit pas porter* atteinte à ce droit *civil et naturel* de tout Français! à vous, dont les premières paroles que vous adressez aujourd'hui à ces absens, sont des foudres que vous lancez sur leurs biens et sur leurs personnes; qui ne leur avez encore fait ni aucune injonction au nom de la loi, ni promis aucune sûreté s'ils obéissoient, ni annoncé aucune peine s'ils étoient réfractaires! à vous, qui, le premier février 92, avez répété à tous qu'ils avoient le droit de sortir; avez ordonné à vos magistrats de le leur permettre; à tous vos fonctionnaires de leur prêter aide et assistance, et, le 9 février, même année, leur faites un crime digne de mort et de confiscation d'être sortis! On avoit dès lors projeté de rendre odieux le séjour en France par les vexations, la sortie de France, facile par les passe-ports, et transformer ensuite en délit la fuite qu'on auroit forcée d'une manière, et facilitée de l'autre. On craignoit la présence, et non l'absence des propriétaires, dont on vouloit envahir les biens; on rendoit la première impossible, et on punissoit de mort et de confiscation la seconde.

Mais ils étoient sortis pour rentrer les armes à la main; les femmes aussi, les enfans, les vieillards seroient rentrés les armes à la main? Avoit-on à craindre aussi que ceux détenus dans les cachots, massacrés par intervalles, pour faire place à d'autres, entrassent les armes à la main. L'histoire des nations ne nous présente pas des proscriptions de femmes et d'enfans, mais ici tout est enveloppé dans le même malheur, sans distinctions d'âge, de sexe, de qualité, de motif, de séjour, de conduite; ce n'est pas une loi qui frappe quelque individu coupable ou présumé coupable, mais une batterie de canons que l'Assemblée législative décharge aveuglément, et indistinctement sur des Français que, par la plus outrageante ironie, elle traite d'hommes libres.

Mais il étoit impossible de distinguer ceux qui avoient porté les armes contre la patrie, ou pour parler vrai, contre les assassins de la patrie, d'avec ceux qui n'avoient fait qu'échapper d'une manière inoffensive à leurs poignards. Il n'y avoit rien de plus facile que cette distinction, si on avoit voulu la faire; car la Convention possédoit le livre d'ordre de l'armée des émigrés, elle le fit même imprimer; mais on se gardera bien de démêler dans la foule ceux qu'on y accuse d'avoir porté les armes. Qu'importe à Roberspierre et à ses clubs des militaires? ce ne sont pas quelques soldats à qui il en veut; ce sont des milliers de propriétaires qu'il veut détruire; et pour cela il faut tout confondre, tout tuer, tout, jusqu'au sexe et aux enfans. Une juste distinction entre ceux qui avoient ou n'avoient pas porté les armes, auroit fait une telle brèche à cet encan de larcins, qu'il n'auroit presque rien produit; car le département de l'Aveyron étant celui qui a fourni le moins d'émigrés : eh bien! dit M. Dubruel dans un discours dans l'Assemblé législative, 24 août 96. « La liste » supplémentaire porte mille quatre, ou mille cinq » noms inscrits; et cependant, sur cette énorme » liste de proscription, je vous atteste qu'on ne

» peut pas trouver plus de six noms justement ins-
» crits, comme de véritables émigrés. Il peut bien
» se faire, qu'à ce petit nombre, s'en joignirent quel-
» ques autres. Les victimes, par exemple, échappées
» du 2 septembre, ou de tant d'autres journées
» aussi exécrables, voyant leurs assassins amnistiés,
» et eux-mêmes toujours poursuivis, coururent aux
» armes pour se défendre. »

Pour prouver avec quel féroce cynisme, on se jouoit alors de la justice, je dois rapporter littéralement un amendement de Buzot à la loi de Collot-d'Herbois, qui proscrit et condamne à mort tous les émigrés indistinctement. Buzot semble s'indigner de la peine de mort prononcée sans distinction, et annonce qu'il va concilier la justice et l'humanité. Au mot de justice, les sans-culottes louvoyeurs des galeries éclatent en murmures; mais tant est juste la fin du discours de Buzot, qu'il s'attire leurs plus grands applaudissemens. « Je distingue, dit-il, trois
» sortes d'émigrés, ceux pris les armes à la main,
» ceux qui ont fui dans des pays ennemis, ceux qui
» se sont réfugiés dans des contrées voisines..... ce
» seroit une étrange loi que celle qui confondroit le
» traître, le lâche et le foible..... il faut donc les dis-
» tinguer..... d'un autre côté, si vous faites une dis-
» tinction, votre loi sera inutile, parce que vous ne
» serez jamais assez instruits pour l'appliquer sans
» injustice... si on s'étoit attaché aux vrais principes,
» les condamneroit-on tous à la mort ou à la dé-
» portation ? non..... le moyen d'éviter l'arbitraire,
» est donc de prononcer le bannissement contre

» tous, et contre tous la peine de mort, s'ils veulent
» rentrer..... alors vous ne violez aucun principe....
» vous punissez les traîtres qui ont été susciter des
» ennemis à leur patrie..... à l'égard du lâche qui a
» quitté sa patrie, vous ne le frappez pas, vous le
» repoussez, vous chassez de la terre de la *liberté*
» des hommes..... qui vous laissent en partant, tout
» ce qu'ils possèdent, leurs biens. Qu'ils soient
» donc tous bannis, et que celui qui oseroit mettre
» le pied sur notre territoire soit puni de mort. »

Dans ce temps affreux de véritable calamité publique, il étoit impossible à un homme qui avoit quelque fortune, qui donnoit quelque prétexte pour être poursuivi, par ses titres ou ses opinions, de conserver sa tête dans cette terre de liberté ; il étoit forcé d'en sortir pour garantir sa vie. Si, après lui avoir déclaré qu'il pouvoit sortir de son pays à volonté, si, après l'avoir forcé d'en sortir pour son repos et sa sûreté, on a puni le seul fait de la sortie, par un bannissement, une confiscation universelle, par la mort au premier pas qu'il fera sur sa terre natale, la justice ne l'autorisera-t-elle pas à y rentrer tenant d'une main la loi pour prouver son droit, et de l'autre le glaive pour défendre sa tête ? Si des bandes de brigands ont violé mon asile, m'ont chassé à main armée de ma maison, n'ai-je pas le droit d'y rentrer à main armée ? Si je ne puis supporter l'opprobre, l'esclavage, la désolation de mon pays, ne sera-ce pas un mérite à moi de me dévouer, pour détruire ses tyrans, rétablir sa tranquillité ? Les siècles passés n'ont-ils pas fait un mérite à Trasybule exilé, proscrit, d'être venu venger et délivrer sa patrie du joug des trente tyrans, sous lequel les Athéniens, comme les Français, ne savoient que trembler et pleurer ?

Mais les émigrés ont été la cause que les puissances étrangères ont fait la guerre à la France ; c'est par eux et pour eux qu'a été allumé l'incendie qui, après avoir dévoré l'Europe, sembloit devoir embraser les quatre parties du monde. Non, il peut bien se faire que les émigrés eussent l'intention de rentrer dans leurs propriétés les armes à la main, si la justice enchaînée, esclave comme les hommes, ne pouvoit leur fournir ses paisibles moyens de rentrer dans leurs possessions ; mais ils n'ont été pour rien dans la déclaration de la guerre. Les puissances n'auroient jamais sacrifié le bonheur de la paix aux calamités de la guerre, si les jacobins ne les y avoient forcées ; ce sont eux qui ont tout fait, eux seuls ont entraîné cette guerre, et l'ont déclarée usant de toute sorte de supercheries et de mensonges pour persuader au peuple que c'étoit les émigrés, afin de faire retomber sur eux toutes les vexations, tous les supplices que la guerre alloit entraîner sur lui, et afin que ses souffrances valussent encore à ses tyrans l'avantage d'entretenir ses haines contre leurs ennemis ; que, jusqu'à ses pertes lui fissent trouver un intérêt dans la ruine des émigrés, dont on lui présentoit la dépouille, comme l'unique dédommagement possible.

Brissot, dès le 20 octobre 1791, monta à la tribune de l'Assemblée, et, au milieu des provocations, des outrages contre les Souverains, des menaces, disoit à ses collègues : *Vous devez venger votre gloire, ou vous condamner à un déshonneur éternel. Il ne faut pas seulement vous défendre, il faut attaquer vous-mêmes.* Les griefs qu'alléguoit Brissot contre l'Europe, pour s'autoriser à demander une déclaration de guerre, étoient l'hospitalité accordée en quelques endroits aux émigrés français; une lettre dans laquelle le roi d'Espagne avoit encore appelé Louis XVI un souverain; une pension que les cours de Russie et de Naples avoient faite à un ex-ambassadeur français; la protection et l'asile que le roi de Suède avoit accordés à un autre, et mille autres raisons également insignifiantes, mais suffisantes pour exalter les têtes jacobines. Lorsqu'il s'agissoit de tranquilliser les hommes de bien qui craignoient la guerre, en parlant des émigrés il disoit, que leur nullité seroit bientôt à nu; que *l'empereur avoit besoin de la paix et ne faisoit que jouer le guerrier.* Les membres du comité diplomatique se joignoient à lui pour certifier qu'il n'y avoit pas d'armée d'émigrans, ni à Worms, ni à Coblentz, ni dans les Pays-Bas; que l'armée du cardinal de Rohan n'étoit que de six cents hommes; celle du prince de Condé de trois cents gentilshommes et autant de palfreniers sans armes. Le ministre des affaires étrangères déclaroit, sur sa responsabilité, que dans les provinces belgiques on ne permettoit aux émigrés aucun rassemblement.

Tout cela étoit avoué par Brissot lui-même; mais lui et les siens n'en vouloient pas moins la guerre, fondés sur ce principe qu'un simple particulier pourroit mépriser ces effrontés baladins; mais qu'il étoit indigne d'un peuple libre de souffrir le voisinage d'un volcan factice, dont la fumée l'incommodoit; et enfin il disoit : Il faut la guerre à la France pour rétablir ses finances et son crédit. Voilà les raisons qui déterminèrent les sages de ce malheureux temps à demander cette guerre d'extermination, qui devoit emporter le dixième de la population française.

L'empereur d'Allemagne, méprisant les injures de Brissot et de ses partisans, ne s'occupoit que de préserver ses peuples du fléau de la guerre, dont sa sagesse et sa bonté repoussoient les effroyables conséquences; et sans se laisser prescrire par les jacobins de violer l'hospitalité, il leur ôta tout prétexte d'hostilité contre ses Etats, en dispersant tout rassemblement de Français dans son empire; leur interdisant toute démonstration militaire; annonçant aux princes d'Allemagne qu'il les défendra, dans le cas où ils seroient attaqués; mais que s'ils n'adoptent pas ses mesures à l'égard des Français émigrés, il ne les secourra pas même contre une agression. Note officielle de l'empereur à l'électeur de Trèves et aux autres princes, lue à l'Assemblée nationale de France, le 15 janvier 92. Les ordres de l'Empereur s'exécutèrent dans tout son empire avec la plus stricte ponctualité. Ce qui est bien prouvé par une lettre de M. de Sainte-Croix à M. de Lessart, lue par ce ministre à l'Assemblée, et dont voici le contenu : « Il ne reste pas un seul Français à Trèves, » Coblentz se dégarnit de jour en jour. Les gardes- » du-corps l'ont évacué; la plupart des compagnies » armées ont filé au milieu des neiges et des routes

» dégradées. Le port d'uniforme est interdit. Les mar-
» chés d'armes et de munitions viennent d'être sé-
» vèrement défendus. Il ne reste plus maintenant dans
» cet électorat qu'un certain nombre de Français
» en habit bourgeois. Cette inconcevable débâcle
» s'est opérée avec la plus grande précipitation. Les
» intimations du cabinet de Vienne se sont jointes
» à celles du Corps législatif de France pour forcer
» l'électeur de Trèves et les Princes français à
» cette humiliante condescendance. » Voyez le *Mercure politique*, page 199.

Maintenant, peut-être, le Corps législatif, dominé par les jacobins, sera bien content et satisfait ! Non : car ils ne veulent pas la paix, mais la guerre ; et ce n'est pas par des concessions qu'on réduit les scélérats. Pendant que Léopold se résignoit à de si grands sacrifices, pour éviter le malheur de l'Europe ; que Louis XVI de son côté appliquoit tout ce qu'il avoit de vertus et tout ce qu'on lui avoit laissé de moyens pour conserver la paix en France ; Isnard, jacobin, vociféroit à la tribune du Corps législatif : *que tous les Français accourent au club des jacobins, voici le moment où nous allons déclarer la guerre.* Brissot, dans un comité secret du 16 janvier 1792, auquel avoit été mandé le ministre des affaires étrangères, exigeoit, pour accorder la paix à l'Empereur : 1° qu'il outrageât l'humanité, en chassant de chez lui tous les émigrés, même désarmées ; 2° qu'il violât les libertés du corps germanique, en forçant tous ses membres de renoncer à toutes leurs possessions en Alsace ou en Lorraine ; 3° en cas de refus de leur part, qu'il encourût la forfaiture de sa couronne, en déchirant le contrat qui la lui avoit donnée, et en se liguant avec la France contre l'empire dont il étoit le chef, c'est-à-dire, qu'il déposât la couronne impériale pour embrasser leurs brigandages; et à cette condition ils l'associoient à leurs pillages, tout le temps qu'il seroit aussi puissant qu'eux.

Guadet faisoit, par un décret du 14 janvier 1792, déclarer infâme, traître à la patrie, criminel de lèse-nation, tout Français qui pourroit directement ou indirectement prendre part à une médiation entre la nation française et les français émigrés. Enfin, le 27 janvier, un projet de déclaration de guerre fut porté au Corps législatif, adopté avec des acclamations frénétiques; et la guerre auroit commencé ce jour-là même, si la sagesse du Roi n'avoit calmé les têtes, du moins momentanément, avec une lettre qu'il écrivit à l'Assemblée, dont voici la teneur: « L'humanité défend de mêler aucun mouvement » d'enthousiasme à la décision de la guerre, une » telle détermination doit être l'acte le plus mûre- » ment réfléchi; car c'est prononcer, au nom de la » patrie, que son intérêt exige d'elle, le sacrifice d'un » grand nombre de ses enfans........ »

Tandis que le roi de France s'efforçoit d'empêcher, par toutes sortes de moyens, la déclaration de guerre, Léopold prenoit garde de ne pas y donner prétexte, en poussant aussitôt dans l'intérieur de l'Allemagne, chaque nouveau flot d'émigration que la France répandoit sur son territoire. C'étoit un beau et consolant spectacle de voir deux monarques, dont l'un devoit être tellement ulcéré par l'ingratitude, l'autre tellement irrité par l'injure et les outrages, s'oublier eux-mêmes, pour ne songer qu'à préserver l'humanité de sa folie et de sa propre fureur.

Cette lutte entre les passions et la sagesse ne pouvoit pas durer long-temps, et cette dernière paroissoit non-seulement devoir remporter la victoire, mais, comme nous l'ont prouvé les événemens ultérieurs, toutes les vaines instances des émigrés n'auroient jamais armé une puissance pour eux. Peut-être ont-ils eu lieu depuis de se repentir de n'avoir pas éteint l'incendie dans son principe; mais alors les souverains n'auroient jamais sacrifié les intérêts de leurs peuples, du moins apparens, à ceux des émigrés français. Toute la puissance jacobine se fût-elle consumée en injures et outrages, que ces hommes de malheur n'auroient pas établi leur vandalisme sur l'Europe. Ils le virent bien, ils reconnurent que la fatale roue du désordre ne pouvoit plus aller sans crime; et ils eurent recours à l'assassinat. Il y avoit quatre personnages qui s'opposoient puissamment à leurs sinistres desseins. La sagesse de Léopold n'avoit pas encore manqué une seule fois de confondre leurs machinations incendiaires. M. de Lessart, ministre français des affaires étrangères, étoit un de ceux pour qui une noble illusion avoit voilé les dangers et les erreurs de la révolution. Et cependant, par sa bonne foi à son serment, ingénieux, actif, il se dévouoit tout entier à seconder le vœu de son Roi pour la paix. Gustave III, d'un courage inébranlable, de la plus brillante valeur sur le champ de bataille, membre de l'empire, et enfin le sentiment qu'il manifestoit avec éclat sur les excès de la révolution française, tout concouroit à le rendre redoutable, si la guerre se déclaroit. Le prince de Condé, on savoit depuis la guerre de sept ans qu'il étoit digne de ce nom. Deux de ces quatre s'opposoient invinciblement à la déclaration de guerre, et les autres deux en faisoient craindre une fatale issue, si elle avoit lieu.

Pour détruire ces obstacles, on détacha de l'antre jacobine quarante assassins, qui se répandirent sur toute l'Europe. Dans leur partage des assassinats qu'ils méditoient, celui du prince de Condé échut au lot de Beuzelot, chef de la bande. Ce misérable, entrant dans Worms avec une croix de Malte à sa boutonnière, est reconnu par un français qu'il avoit dévalisé à la frontière; il est arrêté et interrogé par les magistrats; il avoue avant de mourir ses sinistres desseins. Le 1er mars, l'Empereur meurt empoisonné au milieu des convulsions effrayantes. Le 20, le malheureux de Lessart, ministre, est jeté dans la prison d'où il ne doit plus sortir que pour être massacré. Le 15, le roi de Suède est assassiné par un malheureux dont le buste doit devenir un objet de culte pour la prétendue représentation nationale de France. Le même jour, les jacobins ôtent au trop malheureux Louis XVI, M. de Bertrand, dernier ami qui lui reste dans son conseil, et commencent à lui composer un ministère à leur façon. Deux jours après, le nouveau ministre des affaires étrangères va, décoré du bonnet rouge, remercier les jacobins en séance, et leur promet la guerre. Le 26, le ministère est complété, et il ne reste plus dans le conseil un seul ami de la paix. Le 19 avril, les six ministres jacobins entourent le Roi, et lui font signer la déclaration de guerre. Le 21, l'ordre est donné d'envahir le territoire du fils de Léopold, qui avoit annoncé la résolution d'imiter son père, en ce qui regardoit la paix avec la France, et qui s'attendoit si peu à la guerre, que de quatre mois il ne fut en état de la faire.

Il est donc bien évident que ce ne sont pas les émigrés qui ont été la cause de la guerre, mais les jacobins; et si on en doute encore, nous avons leur aveu même. Les papiers publics, les débats portent ces mots proférés par Brissot, en parlant de Louis XVI : *Nous lui avons fait déclarer la guerre pour l'éprouver.* On y trouve encore cette phrase de Collot-d'Herbois : *Nous avons voulu la guerre, parce que la guerre devoit tuer la royauté.* Mais bien plus, la sentence de mort de Brissot a rangé parmi ses crimes la déclaration de guerre. Les décrets impénétrables de la Providence, qui, en portant le trouble et l'aveuglement dans les conseils des méchans, les a forcés à se frapper l'un l'autre, non pas seulement par des poignards devenus ennemis, mais par des sentences justes, quoiqu'illégales; par des énonciations de crimes réels, quoiqu'il n'y eût pas de juges légitimes; par des procédures où le complice punissoit son complice des forfaits qu'il avoit partagés avec lui, et où le juge descendant du tribunal, étoit l'égal en tout du scélérat qu'il envoyoit au supplice.

Les impitoyables accusateurs des émigrés diront

bien encore : ils ont eu du moins l'intention de faire du mal à la France. Ils n'ont jamais eu l'intention de faire aucun mal à cette France qu'ils avoient faite, comblée d'honneur et de bienfaits ; ils ont voulu au contraire la défendre contre ceux qui la détruisoient, et lui épargner l'ignominie dont ils la couvrirent. S'ils ont commis un crime digne de mort en appelant du secours pour arrêter le désordre et les crimes de toute espèce qui se commettoient en France ; si, de plus on est obligé d'obéir au tyran du matin, qui avoit assassiné son rival le soir ; alors ils sont coupables de machinations et d'intelligences avec les puissances étrangères, dignes de mort, parce que les lois de la constitution de 1791 punissent de mort *quiconque sera convaincu de machinations ou intelligences avec les puissances étrangères...... contre la France.* Mais les mêmes lois punissoient de mort *toutes conspirations et complots tendant à troubler l'État par une guerre civile, en armant les citoyens les uns contre les autres ou contre l'autorité légitime.* Accordons donc, pour un moment, que l'intention des émigrés, non suivie d'exécution, ait été coupable envers la loi qui défend toutes *machinations ou intelligences avec les puissances étrangères.* Mais comment votre intention, suivie d'exécution, sera-t-elle innocente envers la loi qui défend *d'armer les citoyens les uns contre les autres, ou contre l'exercice de l'autorité légitime?* Qui a armé en 1792, les citoyens de Marseille contre les citoyens de Paris? qui a fait assassiner la garde nationale parisienne en 1792? qui, le 9 août 1792, a poursuivi à coups de pierre et à coups de couteau les membres du Corps législatif? qui, le 10 août au matin, a réduit le Corps législatif de 745 membres à 284? qui a forcé ce reste du Corps législatif à délibérer au bruit du canon, à la vue des baïonnettes, des piques et des poignards? Comment devroit-on appeler cette loi qui puniroit de mort l'intention du crime, et qui absoudroit le crime lui-même? La constitution de 91 froissant un peu quelques-uns de vos intérêts, vous vous êtes crus assez autorisés à la détruire, vous qui l'aviez demandée et jurée; vous qui, par amour pour elle, vous étiez parjurés comme des scélérats, en divorçant avec nos anciennes lois qui nous lioient ensemble, et cette même constitution emportant biens et vie aux émigrés qui ne l'avoient pas reconnue; vous punissez de confiscation et de mort leur intention de la détruire, sans qu'ils l'aient ébranlée d'une seule ligne, et vous-mêmes, l'ayant mise en pièces, vous vous regardez innocens du crime dont vous punissez la seule intention si cruellement.

Je demanderois à tout homme de bonne foi si, à ce débordement de toutes les passions dont les nations les plus barbares ne donnèrent jamais d'exemple, il restoit quelque moyen de salut à la noblesse, si elle se fût obstinée à rester en France? Je dis qu'elle n'en avoit aucun autre que le hasard qui cependant en a sauvé quelqu'un. Ses titres, ses priviléges, offusquant les yeux de la majesté bourgeoise, surtout sa domination, ses richesses, étoient devenus des crimes irrémissibles, et les nobles pouvoient dire ce que disoit ce Romain, en pareille circonstance, étonné de voir son nom sur des tables de proscription : *ma belle maison d'Alba fait tout mon crime*. Le peuple égaré prit leur modération pour de l'hypocrisie, et on la punit de mort; leur justice pour crime, et on la punit de mort. Leur plus grand crime est aujourd'hui de s'être opposés ou d'avoir voulu s'opposer aux torrens de maux qui fondoient sur leur misérable patrie; d'avoir voulu faire quelques résistances à la révolteet à l'usurpation ; d'avoir voulu défendre leur vie, et de n'avoir pas tendu docilement la gorge à l'avide guillotine, qui leur auroit coupé le cou, afin d'hériter de tous leurs biens. Est-ce que la nature n'a pas donné à tout être vivant le droit de se défendre et de repousser la force par la force? Quand les tyrans de la France ont voulu faire des Français un peuple de soldats; quand ils ont voulu vous précipiter tous dans les combats, quels cris ont-ils fait retentir à vos oreilles? Par quels ressorts magiques vous ont-ils lancés contre ces cohortes étrangères qui ne s'avançoient que contre eux? Ne vous ont-ils pas dit uniquement : *Elles viennent égorger vos fils et vos compagnes?* Qu'êtes-vous devenus à ces cris? c'est vous-mêmes que j'en atteste; avec quels terribles accents n'avez-vous pas répété : *Aux armes, citoyens!* La France en retentit encore. De quel torrent d'hommes et de sang n'avez-vous pas inondé les plaines de vos ennemis? L'Europe en est encore effrayée, et cependant ce n'étoit qu'une vaine menace : mais vos malheureux concitoyens, mais les malheureux émigrés, ce ne sont pas de vaines terreurs qu'on leur inspire sur leurs familles, restées au pouvoir de leurs tyrans. On ne leur a pas dit seulement : ils vont égorger; on leur a dit : ils égorgent; et aucun d'eux n'auroit crié aux armes? N'étoient-ce pas des hommes comme vous? Devoient-ils être moins sensibles à la perte de leurs biens, à la conservation de leur vie que vous? Qu'auriez-vous senti, qu'auriez-vous fait à leur place, entendant les gémissemens d'une mère ou d'une épouse assassinées. Le cadavre d'un fils ou d'un frère vous auroit-il moins violemment émus que des craintes fantastiques?

Il faut que leurs accusateurs soient réduits à approuver leur conduite, la regardant comme légale et légitime, ou qu'ils se constituent de la plus insigne mauvaise foi. Elle fut toujours légale et juste. On les accuse d'avoir abandonné la patrie; non, ils ne s'en sont jamais séparés; la véritable patrie émigra avec eux; car il ne faut pas croire que le sol soit la patrie, ni que le premier brigand puisse s'emparer légitimement du palais de nos rois; et que, dans la concurrence de tant d'ambitieux, les peuples soient toujours dans l'incertitude à qui ils doivent obéir. L'expérience de vingt-cinq ans nous a prouvé que ces absurdes théories ne surent jamais former une société, et ne purent qu'établir des hordes de sauvages. La patrie, ce sont les lois, et lorsque les lois sont détruites, c'est le Roi qui est la loi vivante, autour duquel doivent se réunir tous ceux qui ne sont pas des pillards et des Mandrins. Or, après le 10 août, surtout, il n'y eût plus de lois en France, il n'y eut plus que des plans de massacres, ou s'il y en avoit elles étoient foulées aux pieds. Par exemple, il existoit une loi qui permettoit et protégeoit même la liberté des cultes; et l'Assemblée prétendue législative viole et enchaîne le culte, outrage les consciences et voue les ministres à la mort. Il existoit une loi qui défendoit de distraire les citoyens des juges qu'elle leur assignoit; et ce sont les jugemens arbitraires des directoires qui leur infligent des détentions, des bannissemens et la mort. Il existoit une loi : nul ne peut être puni qu'en vertu d'une loi établie et promulguée antérieurement au délit; et on imagine des délits inconnus, des sermens impies, et après on fait des lois pour les punir de mort arbitrairement. Dans ce conflit de toutes les passions, qui s'opposoit invinciblement à tout établissement de société, le devoir de tout bon Français étoit de porter du secours à son Roi dans les fers, ou d'aller fortifier le poste des émigrés. Qui ne préfèrera pas et n'estimera pas mieux la conduite de ces hommes illustres, purs comme leur origine, qui élevés à ne connoître que la loi de la fidélité, s'y sont immolés, en partageant les malheurs de leur Roi et se ralliant autour de lui, que celle de ces satellites, ces ministres des fureurs de Robespierre, qui tuèrent avec lui et tueroient encore avec lui, si cet insatiable de sang n'avoit pas voulu les tuer eux-mêmes.

Mais les émigrés furent bien rappelés; pourquoi ne se soumirent-ils pas, et ne revinrent-ils pas dans leur patrie? Il est vrai qu'il y eut un rappel dérisoire aux émigrés de rentrer dans le cours d'un mois; mais, sans parler de l'insuffisance d'un tel délai pour des hommes qui, sur la foi des lois, avoient poussé leurs voyages jusqu'aux extrémités des quatre parties du monde, la seule grâce qu'on promet à ceux qui rentreront avant le terme prescrit, c'est qu'ils seront admis à être les gardiens de leurs propres biens pour le compte des autres, et à demeurer les conservateurs de l'hypothèque nationale dont leurs biens resteront indéfiniment grevés, sans pouvoir rien vendre ni aliéner; astreints à payer les frais d'administration qu'il plaira aux directoires des départemens de leur porter en compte; assujettis immédiatement à payer une double contribution foncière et mobilière; soumis par la suite à une indemnité telle qu'il plaira au Corps législatif de la régler; mais de plus cette loi, si bienfaisante, annonçoit à ceux qui rentreroient, qu'ils seroient dégradés, pendant deux ans, des droits de citoyens, et incapables de remplir aucune fonction publique. Ce n'est pas tout : le même jour qu'on rappeloit les émigrés, jour qu'un coupe-têtes changeoit la glacière de Lyon en une citerne de sang, coupant, hachant, entassant dans cette glacière hommes, femmes, enfans, versoit ensuite de la chaux vive sur ce monceau de victimes, dont quelques-unes respiroient encore, et muroit sur elles l'entrée de cet infernal caveau. Le bonnet rouge est arboré; les hommes à piques vont le faire consacrer dans l'Assemblée législative; ils y font le serment, reçu avec transport, de purger la terre des amis du Roi. On pille, on assassine dans toutes les parties de la

France. Eh bien! malgré tous ces dangers, tant il est naturel à l'homme de tout tenter, de tout braver, avant de se soumettre à l'affreuse nécessité de renoncer à sa patrie, il s'en trouve qui aiment mieux s'exposer à une mort prompte dans leur pays, que de se condamner aux lentes tortures d'une misère désespérée au milieu des étrangers, et ils rentrent : mais ils se trompent, les jacobins sont aux frontières pour les recevoir. Ces jacobins, qui compriment en tous lieux l'immense majorité du peuple, et forcent une moitié de leurs victimes à tourmenter l'autre, entassent les émigrés qui viennent, au nom de la loi, réclamer leur famille et leur pays, dans des donjons; les précipitent dans des souterrains, où, nourris à peine, glacés, perclus, outragés, ils languissent pendant cinq semaines, attendant ce qu'il plaira à Robespierre d'ordonner d'eux. Eh bien! qu'ordonnera-t-il? déjà on a publié que la moitié de ceux qui rentrent en France, sortent de l'armée licenciée des Princes, et viennent de faire la guerre à la république; mais les femmes, mais les enfans n'ont pas fait la guerre, et quant aux hommes, il y a des moyens plus que suffisans pour discerner le voyageur d'avec le guerrier, la victime d'avec l'ennemi! Oh! qu'on se gardera bien de vouloir démêler dans la foule ceux qu'on y accuse d'avoir porté les armes; l'ambition du pillage fait tout confondre, tout, jusqu'aux sexes et à l'âge, et il sort un décret qui, sans distinction ni d'époques, ni de lieux, ni de personnes, déclare *émigrés* tous les Français *rentrés*, ordonne aux uns de vider immédiatement la république, fait conduire les autres hors des frontières par des fusiliers, et leur annoncent à tous que, passé quinze jours, ils ne trouveront plus sur le territoire français que des dénonciations et la mort. Oh! qu'il faut être bien coupable pour fuir et s'obstiner à ne pas rentrer dans un pays ainsi gouverné, pour refuser sa confiance à des administrateurs si purs, sa soumission à des législateurs si équitables! Je demanderai maintenant si ce refus, de la part des émigrés, de ne pas rentrer d'après ce rappel, a dû entraîner et justifier la confiscation de leurs biens.

La vente des biens des émigrés est une matière extrêmement délicate, dont on ne doit parler qu'avec la plus grande réserve; voulant cependant en dire un mot, sans donner lieu à aucune juste réclamation de personne, je me restreindrai dans les bornes d'une demi-justice; que dis-je, de justice? Vouloir encore porter le trouble dans les consciences, comme ces missionnaires! non, je voudrois seulement décharger la noblesse de l'odieux que le vulgaire rejette sur les confisqués, et le faire retomber tout entier sur les auteurs des confiscations. Il seroit temps que le public cessât de croire que ce sont les crimes des émigrés qui ont causé leur ruine, et commençât à se persuader que c'est au contraire leur fidélité à la foi jurée, leurs vertus qui les ont dépouillés de leurs biens; que ce sacrifice qu'ils ont fait au repos public, mérite de la part des Français la plus grande reconnoissance. Ce sacrifice, me dira-t-on, a été forcé ; il n'en est pas ni moins méritoire, ni moins digne de nos justes reconnoissances, puisqu'il nous procure les mêmes avantages que s'il avoit été entièrement volontaire. Le martyr de la foi, qui a été traîné à l'échafaud, ne mérite pas moins la gloire éternelle, que celui qui, par les mêmes motifs, a été volontairement au-devant de ses bourreaux. De même les martyrs de notre repos, libres, ou forcés à ce sacrifice de leurs biens, que leur demande notre tranquillité, ne mérite pas moins notre reconnoissance, nos respects et notre amour.

Il me semble avoir déjà assez démontré que les émigrés n'étoient sortis de France qu'en suivant l'impulsion de la loi naturelle, qui nous permet et nous ordonne même de prendre tous les moyens possibles pour conserver la vie, qu'ils y avoient été même autorisés par les lois civiles, d'où on ne peut certainement tirer aucune conséquence criminelle contre eux.

Si donc il est incontestable que la société ne put légitimement retrancher de son sein un de ses membres, le dépouiller, le vouer à la mort que pour une action portant ces peines, et reconnue crime par ses lois, il ne sera pas difficile de prouver que la vente des biens des émigrés fut injuste et illégale, jusqu'à la restauration, où le roi légitime voulut bien lui donner sa sanction ; puisque l'émigration, unique prétexte de ces aliénations, a été autorisée, encouragée même par les lois, en prêtant aide et secours à ceux qui vouloient sortir de France. C'est en considération de la tranquillité publique que tout bon français reconnoîtra toujours que le Roi a suffisamment suppléé à l'impuissance de toutes ces législatures pillardes, en consacrant, pour le repos public, leurs confiscations révolutionnaires. Aussi, je me donnerai bien de garde de blâmer ce que la légitimité, le bon ordre ont cru devoir établir pour le bien de la société ; et je ne trouve d'illégal et d'injuste, que ce que les usurpations et le désordre ont fait pour la ruine de la France. Le remède à tant d'injustices que la révolution a commises, seroit de porter tous les Français à une sincère réconciliation d'intérêts : de manière, que ceux qui ont pris, ne gardassent pas tout ce qu'ils ont reçu, ni que ceux qui ont perdu, n'exigeassent pas une indemnité de toutes leurs pertes ; afin de détruire par la justice et la modération, des espérances d'un côté, et des craintes de l'autre, qui seront toujours la source de nos troubles.

Je vais essayer de prouver que les acquéreurs même de ces biens gagneroient à cet arrangement, que la morale en triompheroit, et le gouvernement y trouveroit une sûreté, qu'il ne peut se promettre tant que ces victimes de la révolution subsisteront sans quelque indemnité.

Personne ne parle plus de cette foule de droits féodaux, ils sont entièrement oubliés de part et d'autre. Il ne s'agit donc que des biens fonds patrimoniaux, qui perdent au moins le tiers de leur valeur, et qui, par un arrangement, recouvreroient leur valeur intégrale. Il n'en coûteroit donc rien aux acquéreurs de céder ce tiers aux anciens propriétaires ; puisqu'ils le retrouveroient dans la plus-value. Y a-t-il un seul de ces nouveaux acquéreurs qui ne sacrifiât volontiers une autre partie de ces biens, soit en nature, soit en rachat ou remplacement, pour pouvoir dire : je n'ai plus de biens nationaux, j'ai un patrimoine. Le repos de cette conscience qui fait le bonheur de l'homme sur la terre, ne seroit-il pas un motif bien déterminant pour un arrangement? ces misérables acquéreurs, qui semblent condamnés à trembler durant la vie, et encore plus à la mort, qui, pour s'assurer ces misérables biens, pendant la vie présente, ne croient pas suffisantes tant de lois rendues sur ces ventes; la Charte, la parole du Roi, tout cela les laisse encore tremblans ; ils demandent toujours de nouvelles lois, corroboratives de tant de lois. S'ils prennent tant de peine, s'ils se donnent tant de mouvement, pour s'assurer ces biens dans ce monde contre le droit civil; s'ils craignent tant la justice des hommes qui, même en condescendant à leur foiblesse, les fait trembler et les empêche de dormir ; ne feroient-ils pas quelque petit sacrifice pour ne pas trembler à la mort? quoi qu'ils aient ordinairement une conscience couverte d'une écaille à l'épreuve du droit canon ; cependant quel est l'homme qui tentera, sans effroi, ce dernier pas de la vie à la mort, et ne désire de traiter ici-bas de ses injustices avec les hommes, pour n'avoir aucune discussion avec l'Eternel ? Il sait bien qu'alors le prétexte de ce néant qui lui sert de bouclier contre les vérités chrétiennes s'évanouit, et qu'une éternité malheureuse pour les injustes s'ouvre devant ses yeux.

La morale triompheroit : et qui ne sent ce que l'exemple des bons, auroit de force presque coactive sur les méchans ? Ce que feroit le jugement de ceux qui, n'ayant jamais participé à ces ventes, seroient témoins de la justice que chacun se feroit ? quel triomphe pour les mœurs que cette nécessité à laquelle chacun seroit réduit de faire ce qui est juste, pour pouvoir soutenir les regards de ses voisins ? La religion deviendroit précieuse et aimable, quand on ne craindroit plus sa censure; chacun pratiqueroit la vertu, quand il n'auroit plus à soutenir un crime par mille autres crimes.

Je voudrois que, puisque des circonstances malheureuses ne permettent pas d'employer le bruyant appareil des lois civiles pour que justice entière soit rendue à qui de droit, les lois paisibles, d'amour, et de charité de la religion chrétienne, travaillassent à réconcilier les Français avec les Français, en les faisant arriver tous, par la persuasion de la justice, à une conciliation d'intérêts, et à une compensation de sacrifices; je voudrois que les raisons des circonstances guidassent les uns, et qu'un peu de justice dirigeât les autres; que chacun bien pénétré de l'importance de la paix pour le bonheur des Etats, la rachetât au prix de tous les sacrifices qu'elle demande; que tous tremblassent, encore au bord du précipice d'où nous sommes à peine sortis ; que chaque parti, avant de se considérer comme vainqueur, dans une lutte à laquelle nous sommes peut-être exposés, jetât un regard en arrière, pour considérer vaincus et vainqueurs, anéantis par une révolution qui dévora jusqu'à ses propres enfans.

FIN.

De l'Imprimerie de DEMONVILLE, rue Christine, n° 2.

www.ingramcontent.com/pod-product-compliance
Lightning Source LLC
LaVergne TN
LVHW020407230826
846091LV00004B/1187

* 9 7 8 2 0 1 2 9 7 2 4 6 9 *